必要な情報を手に入れる
プロのコツ

喜多あおい

祥伝社黄金文庫

目次

プロローグ
テレビ番組リサーチャーの仕事とは？……011

1章
脳内に「情報地図」を描く
――集める前に「居場所」を作り、戦略を練る
「リサーチ戦略」を立てる……022
「とりあえず図書館へ」「まずはネットで」がダメな理由……023
最初のリサーチは「クライアントの欲しいもの」……027
バナナジュースから学ぶニーズのつかみ方……029

情報地図を描く——基本は「網羅と分類」 034
まずアホになってみる！ 036
情報地図はシソーラスで 038
空白部分が情報になる 046
情報を扱うプロの三原則 050
[COLUMN] 情報バラエティ番組では「思わず感嘆詞がもれる」情報を 059

2章

プロのネタ取りは五つのソースで！
——書籍、新聞、雑誌、インターネット、対人取材で「網羅」→「分類」

プロが使う「五つの基本ソース」 062
1「書籍」で切り口を手に入れる 065
2「新聞」で世間の風を手に入れる——即時性と一覧性 084
3「雑誌」で専門ネタを狙う 093

4「インターネット検索」で差がつく検索語スキル……101
5「対人取材」で差がつく質問テクニック……127
[COLUMN]「腋の下のプレゼンテーション」!?……145

3章 集めた資料を「情報」に変える
――相手に伝わる「報告書」と、必勝「プレゼン」術

役立つ情報に仕立てる「分類力」……148
「分類」の基本は、場所作り――収納先は七つ……150
情報の取捨選択は「フィット&パワー」で……154
明確な5W1Hがおもしろい報告を作る……156
喜多流 キャッチコピー力養成講座……162
リサーチ報告書のレイアウト――「余白の美」を意識する……163
レジュメは「読まれない」……168

情報を送り出す順番を間違えてはいけない……170
必勝プレゼン術——自分の言いたいことを言ってはいけない……172
トークの入口は「はい」「いいえ」……174
「おもしろい」と感じた入口の情報を大事に……176
質問想定力の磨き方……178
［COLUMN］寿命が縮む「ピンポン」「ブー」……183

4章 仕事の質を上げる！ 情報に強くなる習慣術

——あなたの情報力はたった一分の会話でわかる

情報力をアップする習慣術……186
デパートは全フロアを歩く……188
新聞や雑誌は届いたタイミングで必ず目を通す……192

わからない言葉を放置しない……194
情報に感情を乗せると、引き出しやすくなる……196
しつこいようですが、固有名詞で話している？　伝えている？……200

プロの情報整理術――ノートとメモの作り方……206
議事録や取材ノートも、即TODOリストにするコツ……207
わかりやすい「議事読み物」にするノート術……210
ストックにも、取り出すにも便利な「情報カード」……214
情報端末は外部脳――iPhone「Evernote」を使いこなす……218
新人リサーチャーに伝える必読書三冊……221

欲張りな時間管理術……225
複数の仕事を同時に進める時間術……227
余暇を作るコツは、締め切りにある……231

ヒットメーカーは情報処理の天才 234
私の周りの天才たち 235
ベストセラー作家に学ぶ発想力――アイデアがないと悩む前に 241
［COLUMN］ドラマのリアリティを裏付けるのは、三種類のリサーチ 245

エピローグ

情報は生きている 247

おわりに 268
文庫版あとがき 271
側注参考文献リスト 275

ブックデザイン……………ヤマシタツトム
図版製作……………J－ART

プロローグ

テレビ番組リサーチャーの仕事とは?

●「調べる力」はありますか？

あなたは日々の仕事で、「調べること」の必要に迫られていませんか？

企画書や報告書を作るのにも、打ち合わせをするのにも、仕事というのは職種を問わず、大概「調べること」から始まるものです。ですから、

早く的確な「検索スキル」を身につけたい。

資料集めが効率よくできるようになりたい。

情報に強くなりたい。

正しい情報を見極められるようになりたい。

……など、あなたも一度は思ったことがあるのではないでしょうか。

いま、私たちの目の前には、大量の情報が流れています。そのため、たとえわからないことがあっても、インターネットで検索すれば、誰でも手軽に、何かし

らの情報を得ることができます。

しかし、だからこそ、欲しい情報を早く的確に集め、集めた情報を吟味・整理するスキルしだいで、仕事の質に差が出る時代になったといえるのではないでしょうか。あなたの「調べる力」が問われています。

ただし、「調べる力」に、大きな労力や才能は要りません。情報というものの性質を理解し、ほんのちょっとしたコツやスキルを知っていればよいのです。

この本では、「調べる」ことを仕事にしている私が、テレビという現場で培《つちか》ってきた実践的なコツをご紹介します。たくさんの現場で、試行錯誤しながら見つけた「プロフェッショナルの情報術」をお伝えしていこうと思います。

●情報バラエティからドラマまで

私の職業は、テレビ番組リサーチャー[01]です。

あまり聞き慣れない職業名かもしれませんが、テレビ番組の終了間際、画面下段に流れるエンドロールをよく見ると「リサーチ　○○○」というスタッフクレジットにお気づきになると思います。このクレジットで表記される仕事が、「テレビ番組リサーチャー」です。

リサーチャーとは、ひとことでいうと番組制作者（おもにプロデューサー、演出家など）から依頼を受け、テレビ番組制作に必要であるさまざまな情報を収集し、提供する仕事です。裏方の仕事なので、視聴者の方にはあまりなじみがないと思いますが、じつに多くの番組に関わっていて、現在の番組制作になくてはならない存在となっています。

私の携わっている番組の割合をジャンル別でいえば、新聞のテレビ欄と同じ。つまり、情報バラエティ、クイズが最も多く、ドラマやドキュメンタリーと続きます。

収集・提供する情報は、番組の企画やオファーにより、小さなお子さん向けから、専門家の視聴にも耐えるものまで多岐にわたります。また、番組のジャンルによっても、扱う情報は異なります。

最も多く関わっているのが情報バラエティ番組です。国内外の最新トレンド情報や、巷《ちまた》で話題の人やモノの情報を集め、トーク番組ではタレントにまつわる情報を探し、歴史番組や科学番組などでは各専門分野に特化した掘り下げを行います。人気のスイーツ、海外の衝撃動画、アカデミックな分野で活躍する専門家などなど、集める情報もバラエティに富んでいます。このようなリサーチのことを、私はトピックス収集と呼んでいます。

次に多いのがクイズ番組。クイズ番組というと、クイズの問題を考えると思われがちなのですが、リサーチャーは基本的に作問しません。何をするかというう

01

【リサーチャー】

「リサーチャー」と称する仕事は、金融系・マーケティング系など多岐にわたるので、本書ではあえて「テレビ番組リサーチャー」とした。テレビ業界において職名が生まれたのは198０年代だと伝えられるが、専門職として広く確立したのは、１９９０年代に入ってから。

と、そのクイズが成立するか否か、「裏取り」[02]をします。裏取りとは、質問の背景を調べつくし、質問文の整合性をチェックし、答えがひとつに絞られるかを確認し、そして考えられる限りの正解の言い回しのバリエーションを用意することです。時には、収録現場で判定を担当することもあります。

ドラマにも、リサーチャーの仕事が生きています。プロデューサーや脚本家がイメージするドラマの世界観や、キャラクター、ストーリー作りのための情報を提供します。よりリアルな情報を得るため、さまざまな現場に足を運ぶこともあります。たとえば、老人介護施設や産院など自分自身がそれまで縁のなかった場所へうかがうこともありました。

ドキュメンタリー番組はディレクターが取材対象と向き合い、時間をかけて作り上げていくものです。私たちリサーチャーは立ち入り過ぎないよう、主観的になりがちなディレクターに客観的な情報を提供していきます。

●クリエイティブのスイッチを押す

クライアントである番組制作者から依頼を受けると、まず会議や打ち合わせに出席します。クライアントである番組制作者がどんな情報を求めているのか、その情報でどんな番組を作るのかということを確認するためです。それをもとに、どの情報源からどのように求める情報を探し出すのか作戦を練り、情報収集に入ります。

収集した情報は、分類、吟味し、最終的にレポートにまとめてクライアントに提出します。このレポートを私たちは「レジュメ[03]」と呼んでいますが、「ネタ紙」

02

【裏取り】

広い意味では、正しいと判断できる証拠を集めること。資料収集だけでなく専門家への取材を交えたり、多角的なリサーチをする。クイズ問題だけでなく、台本やテロップの表現、スタジオ収録時の出演者の発言などの裏取りをする場合もある。

なども呼ばれます。

クライアントが、複数の番組リサーチ会社に依頼をして、番組会議を行う場合もあります。そのときは、このレジュメをもとに、会議の場でリサーチのプレゼンテーションをします。情報の収集だけでなく、こういったプレゼンテーションもリサーチャーの大事な仕事の一部です。

制作者は、これらの情報を参考に番組の企画や内容を作り上げていきます。

番組制作者のクリエイティブのスイッチを押す。つまり視聴者に楽しんでもらえる番組作りをする——。そのための情報を提供するのが私たちリサーチャーの仕事です。

リサーチャーのワークスキルを紹介することで「欲しい情報を的確に手に入れ、自分や誰かのアイデアのスイッチを押す術」をお伝えしていきます。

03 【レジュメ】
原義は要約、大意。研究などの要旨をまとめたものもいうところから、筆者はリサーチの報告書を称して用いている。元はフランス語「résumé」から来ており、レジメともいう。

図1 私が携わってきた仕事の一例

（順不同　終了した番組なども例示しています）

●テレビ番組

<情報バラエティ>

「行列のできる法律相談所」「ガッテン！」「ろんぶ〜ん」「ぴったんこカン・カン」「ジョブチューン」「１番だけが知っている」「林先生が驚く初耳学」「嵐ツボ！」「セブンルール」「FNS27時間テレビ にほんのれきし」「お願い！ランキング」「人生が変わる１分間の深イイ話」「SMAP×SMAP」「ボクらの時代」「SmaSTATION!!」「ディープピープル」「世界１の SHOW TIME」「さんタク」「社会科ナゾ解明 TV ひみつのアラシちゃん！」「所さんの学校では教えてくれないそこんトコロ！」「タイムスクープハンター」「タモリ's ヒストリーX」「記憶のチカラ」「謎を解け！まさかのミステリー」「ほんパラ！関口堂書店」「芸術に恋して」「江角マキコの恋愛の科学」「所さんの 20 世紀解体新書」「なるほど！ザ・ワールド」など

<クイズ>

「超タイムショック」「オールスター感謝祭 超豪華！クイズ決定版」「Qさま!!」「テスト・ザ・ネイション」「国民クイズ 常識の時間」「決戦！クイズの帝王」「クイズ日本人の質問」「日本一短いクイズ SHOW シャープに答えて！」(CM)など

<ドラマ>

「サバイバル・ウエディング」「あなたには帰る家がある」「黒革の手帖」「フランケンシュタインの恋」「地味にスゴイ！」「家売るオンナ」「怪盗山猫」「それでも、生きてゆく」「生まれる。」「外交官　黒田康作」「フリーター、家を買う。」「月の恋人」「任侠ヘルパー」「泣かないと決めた日」「ボンビーメン」「Around40（アラフォー）」「ハケンの品格」など

<ドキュメンタリー・報道系>

「ファミリーヒストリー」「あさチャン！」「メディアのめ」「たけしの日本教育白書」「地球危機 2008」など

●テレビ番組以外の媒体

映画：「引っ越し大名」「ラブ×ドック」「アンダルシア」
機内上映番組：ANA「発想の来た道」
出版：「少年ジャンプ＋」高橋治氏　書き下ろし小説用リサーチ、
　　取材旅行用リサーチ
Wii ソフト：「NHK 紅白クイズ合戦」
Web サイト用コンテンツ：外務省「Trends in Japan」など
講演・講座：クーリエ・ジャポン、電通、同志社大学など

1章

脳内に「情報地図」を描く

――集める前に「居場所」を作り、戦略を練る

「リサーチ戦略」を立てる

プロローグで、テレビ番組リサーチャーの仕事についてざっくりご紹介しました。

毎日何かしら会議や番組収録、リサーチの締め切りがあり、時には一般企業の仕事も含め、だいたい一〇から一五くらいの調査ミッションが同時に走っています。この章から3章まででお話しするリサーチノウハウを、時には複合技も使って進めています。

さて——。

調べものといえば図書館だ、と学生時代に教えられ、いまも図書館で資料に当たる方は多いのではないでしょうか。いま、この時代なら、インターネットという大変便利な道具もあります。

しかし、いきなり図書館に出かけて本を手に取ってみたり、インターネットで検索してみても、たどりつきたい答えをズバリ得られる確率は非常に低い、ということをご存知でしょうか。

下調べもせず、作戦も立てずに「とりあえず図書館へ」「まずはネットで検索」は、時間と労力のムダ。プロは決してやりません。

■「とりあえず図書館へ」「まずはネットで」がダメな理由

たとえば、あなたがテレビを買おうと思ったとき、どの機種を買うべきか、どう調べますか。Google[04]に何と打ち込みますか。

・テレビ
・液晶テレビ
・プラズマテレビ
・4Kテレビ……

いろいろな言葉が思い浮かびます。しかし、そのワードが、果たしてあなたの欲しいと思っているテレビをネット上に導いてくれるかどうか。逆をいえば、ここで打ち込む単語で、あなたの得る情報が変わるのです。

「液晶テレビ」「プラズマテレビ」「4Kテレビ」などのバリエーションを、思いつきだけで並べられる人は少ないと思います。ということは、最初にやるべきことは、自分の欲しいものが正式に何という名前やカテゴリーに属するのかを調べることではないでしょうか。

ほかにも、こんなことが起こりがちです。言葉の意味を調べるだけの単純なリサーチだとしても、目的にそぐわない辞書を使ってしまうと、正しい答えが見つからないことがあります。仮に運よく見つけられたとしても、それが価値の高い情報である確率は、どれほどのものでしょう。

「ツイッター」[05]という言葉を百科事典で引いてみても、古い版の紙の百科事典には掲載されていませんが、オンライン版にはアップデート掲載されています。

偶然見つけた情報が、リサーチをずれた方向に向かわせてしまうこともあります。誰にでも経験があると思いますが、興味は思わぬ方向につながっていくものです。気がついたら目的とほとんど関係のないリサーチに貴重な時間を費やしていた、なんてことになりかねません。

特に仕事でリサーチをする場合は、必ず締め切りがあります。決められた時間

04

【Google】

インターネットのコンテンツ検索サービス（検索エンジン）。また、それを提供するＩＴ企業の名称。１９９８年9月アメリカのカリフォルニア州で、スタンフォード大学の２人の学生によって創業。２０００年9月に日本語版の検索サービスを開始。人類が扱う情報のすべてを検索可能にするという理念を掲げている。

05

【ツイッター】

ユーザーの短いつぶやきの投稿を契機にコミュニケーションが生まれるインターネット上のサービス。他のユーザーはそれを閲覧できるだけでなく、フォローとしてコメントをつけたりリツイートしたりできる。２００６年にアメリカでサービスが開始。Twitterとは元来は「小鳥のさえずり」や「くすくす笑い」という意味の言葉だが、日本では「つぶやき」と訳された。

のなかで、目的を達成することは重要です。求める情報がそこにあるのか確信を持たずに時間を費やすことは、ある意味賭けです。求めるものが見つけられなかったら、その時間はムダになるのです。

ある専門家に取材したくて、がんばって何度も電話をかけたけれどつかまえられなかった（p132・運だめし参照）とか、ひとつのキーワードに執着して数百の検索結果を深掘りしてみたけれど結局見つからなかった、では話になりません。

Googleに思いつきのキーワードを打ち込む前に、図書館に行く前に、考えることはたくさんあります。「どこをどのように探すのか」、つまり、「リサーチ戦略」を立てることから始めるべきなのです。

そのためにまず必要なのが、クライアントのニーズをつかむことです。

■最初のリサーチは「クライアントの欲しいもの」

私たちリサーチャーは、クライアントが何を求めているかを理解することが、リサーチの第一歩であると考えています。どんなに分厚いリサーチ報告書が完成しても、クライアントから望まれているものを出さなければ意味がないからです。

たとえばあなたが上司に情報を出すことを頼まれたなら、その上司は何の会議にそれを持っていくのか、そして、上司はその会議でみんなからどんな受け止め方をされたいと思っているのかということを、たとえお遣い仕事であっても視野のなかに入れるべきだと思うのです。

最初にリサーチするべきは、クライアントや上司、つまりその情報を使って何かをしようとしている人のことであり、私の場合はその情報の活用先である番組や、その企画が求めていることだといえるでしょう。

最近では、メールのやり取りだけで仕事を済ませたいと考える人が多くなってきています。テレビの制作現場でも、昨今の経済状況から「会議に出席していただかなくてもいいですし、とりあえずリサーチ結果はメールで送っていただければいいので、お安くしていただけないですか？」や、「急いでいるので、ピンポイントの調べものだけお願いしたいのですが……」などというお話もあるのですが、直接顔を合わせて会議することで得られる情報量は、格段に違います。やはりクライアントの顔が見えないとニーズをつかむのは難しいものです。提供した情報に対するクライアントの表情を見るのも、こちらにとっては何よりの情報です。このネタは全然おもしろくないと思って苦虫を嚙み潰すかのような顔であっても、です。

ではどのようにニーズをつかめばいいのでしょうか。

私は、「提出先のことを考える」という言い方をするのですが、最終的な受け手側の立場に立つことを、つねに念頭に置かなければならないのです。番組リサーチの場合ですと、クライアントはテレビ番組制作者ですが、さらにその向こうにはテレビの視聴者がいます。そこまで遡《さかのぼ》ったニーズが計算できるようにならないと、有効な情報は提供できません。

■バナナジュースから学ぶニーズのつかみ方

リサーチのニーズをつかむということに関して、最近改めて考えさせられる機会がありました。

数カ月前のこと、私は毎朝手作りのフレッシュジュースを飲む生活を送りたくなり、ジュースを作る道具の検討を始めました。

調べると、驚くことに、ミキサー[06]、ジューサー[07]、スクイーザー[08]……などジュー

06 【ミキサー】
電動機により小型の羽根車を回して果物や野菜などを粉砕、攪拌《かくはん》してジュースなどを作る器具。

スを作る器具のバリエーションは、非常に多彩でした。そこで、ジュースに関する書籍をいくつも読み、パンフレットも取り寄せ、価格、仕様、クチコミから使用後の洗いやすさまで、慎重に調べました。その結果、数ある器具のなかでもジューサーがよいという結論に至りました。

そこで突然「明日飲みたい！」という衝動に襲われ、即入手可能なインターネット通販で、とあるジューサーを購入しました。

翌日、無事、ジューサーが届きました。ところが、さっそく説明書を読んでいくと、衝撃の事実が判明したのです。このジューサーでは、バナナジュースは作れない。じつは私が一番飲みたいと思っていたのは、バナナジュースだったのに……。

繊維質を細かくカットし、そこから果汁を搾《しぼ》りジュースを作るジューサーでは、果肉がやわらかいバナナをジュースにすることができません。バナナを思い浮かべてください。カットしても、ネチャッとするでしょう。バナナジュースはジューサーではなく、ミキサーで作る。これは手作りジュースの世界では常識らしいのです。

しかし、私が読んだジュース本では、ジューサーでバナナジュースを作っていたはず。そう思って読み直してみると、本で紹介されていたのは、非常に高性能で高価格なジューサーでした。機種によっては、ジューサーでバナナジュースは作れるが、私の費用対効果にマッチしたジューサーでは作れない、ということだったのです。

あんなに慎重に器具選びをしたのに、「明日飲みたい！」に負けて、商品選定で手を抜いてしまったのです。

07 【ジューサー】
果物や野菜のジュースを搾る器具、また、材料を圧搾《あっさく》してジュースを作る器具のこと。モーターの軸に直結したカッターで果物や野菜をすりおろし、ジュースを作る。一般的にジューサーはミキサーと違い、水を加えて回転させる必要がないので、濃厚なジュースが得られる。

08 【スクイーザー】
レモンやオレンジなどの果汁を搾る器具。皿状で中央が高く、その尖った部分に果肉をかぶせて押しつけ、回して搾る。

この一件で、「リサーチの落とし穴」の怖さを改めて思い知らされました。

仕事だったらこのような失敗はしません。家電店で店員さんがするように、「どんなジュースを作りたいですか？」という質問を私もクライアントにし、「バナナジュースが飲みたい」と聞けば、念を入れてメーカーに「このジューサーでバナナジュースはできますか？」と問い合わせていたでしょう。この質問を「自分に問わなかった」ことが、この買い物の敗因です。

お題[09]を受けたとき、「何を調査するのか？」だけでなく、「この調査を何に活かすのか？」「この調査で何を作るのか？」ということをクライアントや上司と共有することがニーズをつかむコツです。

ニーズをつかむ上で欠かせない項目については、たぶんこうだろうという推論ではなく、質疑を重ね、ピンポイントで裏付けをとりましょう。

自分の企画ならば、脳内でひとり会議を開きます。自らツッコミ役となって、目的のあいまいな部分を厳しく追及することで、調べるべき事柄もより明確になります「何のために？」と「どうやって？」この2つの質問は、セルフ・ツッコミに有効です。

ちなみにジューサーのその後ですが、悔しいのでそのジューサーに適した果物をたくさん調べて、美味しいジュースを作っています。バナナももちろんあきらめません。丸ごとパクつきながらフレッシュジュースを飲むのが、いまの私の朝ご飯です。

09

【お題】

一般的には落語や大喜利のテーマなどを称して用いる言い回し。本書ではリサーチテーマのこと。筆者が、リサーチテーマをもらうことが大好きで、テーマが発生するやいなやあれこれとアプローチ方法や戦略を楽しんで考え始めるため、自分のなかで自然に「お題」というとらえ方をするようになった。リサーチの依頼を受けることは「お題を頂戴する」という感覚。

情報地図を描く――基本は「網羅と分類」

リサーチの基本とは何かと問われたら、私は「網羅と分類」と答えます。

クライアントや調査対象がどのような内容であっても、調べものや検索の手順は「網羅」を経て「絞り込み」へいくというのがセオリー。つまり、いきなりズバリ、ストライクだけを探すことから始めないということです。

私の考える「網羅」とは、お題に関して考えられるすべてのキーワードをピックアップし、それらを手掛かりにソースを当たり、あらゆる情報を集めることです。文字通り大きな網を投げて、そこにある産物を漏れなくすくいとるようなイメージです。

すべて漏れなく集めたら、その情報をじっくり分類していきます。「分類」とは、たくさんある雑音を排除し、必要な情報を選《よ》り分け、それがどんな役割を果たすのか、どんなことを指し示すのかを判断し、インデックスを作ることです。

　ちなみにその過程で「今回はいらない」となった情報も捨てることはしません。いらないと思われた情報のなかに、そのテーマを扱う上での注意点や警鐘を鳴らすものがあるからです。余分に知りえたこともインデックスを付け、別の引き出しにしまっておいて次の機会に役立てます。


「網羅と分類」と聞くと、とても面倒で効率の悪い方法と思うかもしれません。しかし、リサーチの失敗で一番つまらないことは、とりこぼしをすることです。ストライクを狙うあまり、ピンポイントの調べものしかしないと、そこ以外に存在する有効な情報をとりこぼすことになります。もう少し違う視点、切り口で探していたら、もっと使える情報がたくさんとれたかもしれないのに。網羅することによって、その心配がなくなります。

　またいきなりストライクの情報を求めても、まず何がストライクの情報なのかは、比較する対象がなければ判断できません。情報は、つねにつながりのなかで意味を持つのです。このことは情報を扱う上で忘れてはならないことで、網羅と分類の過程を通じて、その位置づけを知ることができます。これはこのあとの「情報地図」のところでも詳しく述べますが、いろいろな視点から検討するときに役立つのです。

時代が変わっても、情報媒体が進化しても、この「網羅と分類」は変わることがないリサーチの原則でありつづけると思います。

■まずアホになってみる!

では、どのように情報を「網羅」すればいいのでしょうか。

どのように自分のなかに情報を取り込んでいけばいいのでしょう。

リサーチの質を上げるのも下げるのも、この「網羅」にかかっているといっていいでしょう。私はこの作業を「脳内に情報地図を描く」と呼んでいます。情報のつながりを壊すことなく、理解し整理する方法です。

情報地図を描くとき、まずはていねいに概論に当たることが第一歩です。これが「地図の核[10]」となります。

すでに知っていることでも、改めて概況、定義をさらうことはとても意味があります。

私たちは、自分の頭にあることをベースに調べたくなります。しかし、それはごくごく狭い範囲に調査を限定してしまうことになるのです。自分の知識を過信しないこと。私たちが知っていることはこの世にある情報の量から見たらほんのわずかです。予備知識があったとしても、まっさらな気持ちで公式情報に当たるという習慣をつけてほしいと思います。また情報はつねに新しくなっているということも忘れてはなりません。

このことを私は「まずアホ[11]になってみる」といっています。ここで一旦アホに

10 **【核】**
本書では、「情報の骨子・ポイント」という意。

なることで、より正確な情報を得ることができ、思い違いや誤字なども正すことができます。アホになることで、より賢くなれるといっていいかもしれません。

地図の核となる情報は、何より正確であることが求められます。正確な情報を得るには、ソース[12]の選定が重要です。公式ホームページなどのオフィシャルデータ[13]や辞典[14]、事典類[15]から当たります。

この情報は多くなくていいのです。シンプルで正確であれば十分です。この情報の核の役割は、今後調べて集めてくる情報が本流なのか、支流なのかなど、分類するときの基準になります。

■情報地図はシソーラスで

核が定まったところで、「情報地図」をさらに充実させていきましょう。情報地図とは、核となる情報を中心にしてそのテーマにまつわる情報を配置したものです。

11　【アホ】
ここでは、本来の意味「愚か」を発展させ「何も知らないこと＝脳内を白紙の状態にする」の意で用いている。関東の「バカ」に対比させ関西の「アホ」といわれるように、アホは、関西を中心に分布している。ののしる言葉ではあるが、その裏に愛すべき気持ちが隠されている場合もある。

12　【ソース】
物事などのもと、根源、原因、起こり、出所、拠りどころをいう。

13　【オフィシャルデータ】
公式の資料、公認されている情報などの意味。

14　【辞典】
国語辞典・対訳辞典など、語句の言語としての意味・用法と内容を中心にした辞書のこと。「事典《じてん》」と区別するため「ことばてん」ということもある。

15　【事典】
百科事典などのように、事柄の説明を中心とする辞書のこと。「辞典」と区別するため「ことてん」ということもある。ことばに特化した辞典に対し、事典は事柄・事象を全般的に網羅する。

情報地図は、シソーラスという考え方が基になっています。シソーラスとは、その言葉（情報）が含むすべて（全体部分関係、上下関係、対義語、類義語……）を分類した体系です。地図の中心にはお題があり、そこから放射状にお題がはらんでいるあらゆる要素が広がり、その意味や立場ごとに配置された状態です。

以前、私の脳内の情報地図を大きく描き換える出来事がありました。じつにおもしろい経験でしたので、これを例に情報地図の描き方を説明していきたいと思います。

そのお題は、ゾウでした。ゾウといえば、アフリカゾウ[16]とアジアゾウ（インドゾウ）を思い浮かべるという人も多いと思います。この二種類の動物の似ているところ、違うところをはっきりさせようというのが今回のテーマでした。

私はいつものようにアフリカゾウとアジアゾウについて徹底的に調べました。この時点で私のなかの情報地図を眺めてみると、網羅していない空白地帯が見えてきます。この場合はゾウに関する最新情報でした。そこでアフリカゾウ、アジアゾウに関する最新の話題を探してみました。

図2　脳内に「情報地図」を描く

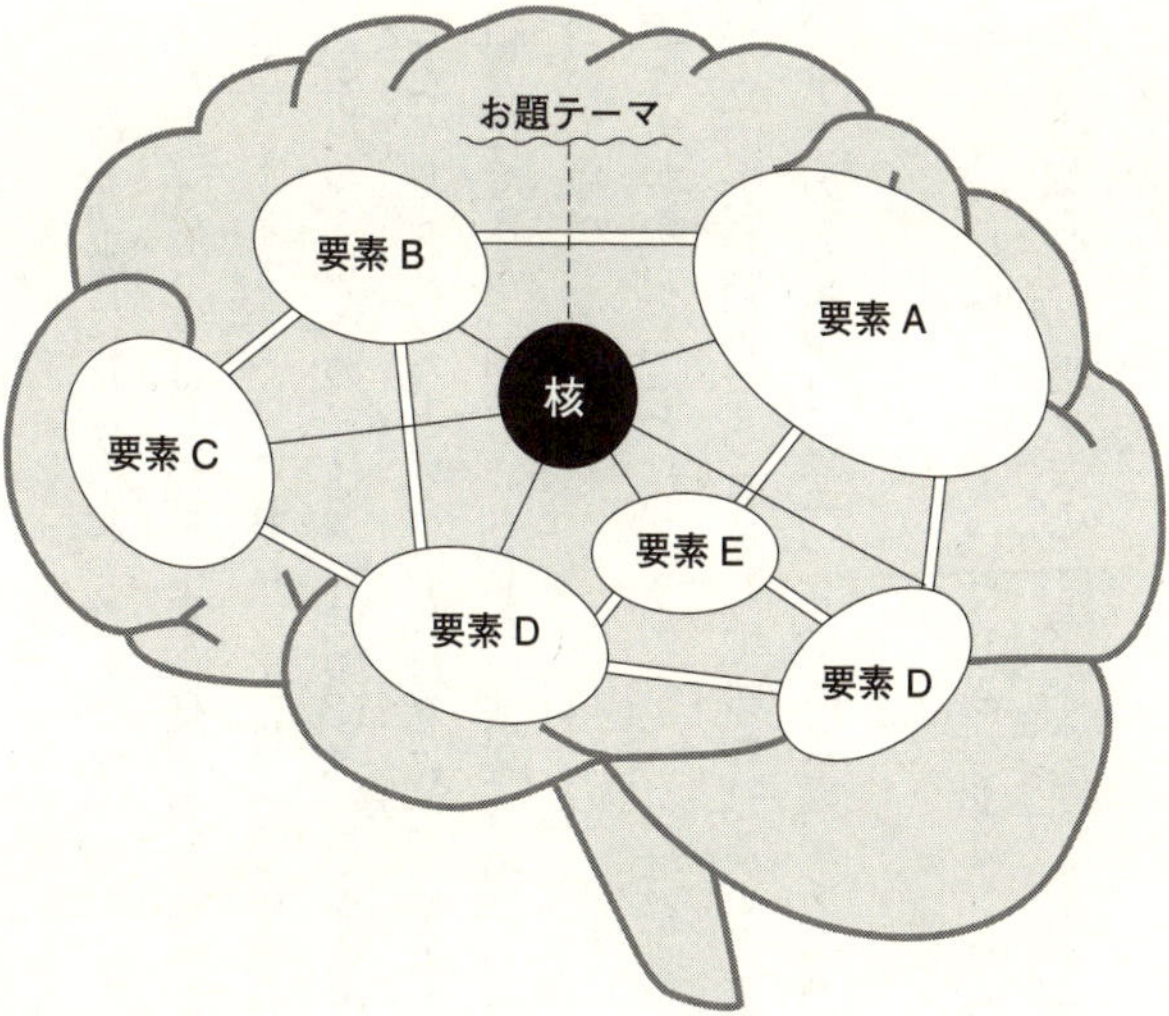

「網羅」の過程で、脳内に「情報地図」を描く。
すると、核を中心にした情報の構成要素が明確になる。

するとそこで、ある情報に行き当たったのです。

それは「アフリカゾウ　実は2種類　遺伝情報異なる」[17]という二〇一〇年の年末に報道されたニュースでした。これは、アフリカゾウは単一の種類ではなく、サバンナゾウ、[18]マルミミゾウ[19]の二種類に分類すべきであるという情報でした。

ここに登場したマルミミゾウという名称は私にとって初耳でした。そうか、アフリカゾウは細分化できるのか、おもしろい情報に出会ったと思い、さっそくマルミミゾウについて調べてみました。

ところが、そこでわかったことは、マルミミゾウは従来、アフリカゾウ、アジアゾウと並ぶゾウの大分類の三つ目として扱われることもあるということでした。本来なら、ゾウの分類項目は三つ立てる必要があったのかもしれないのです。

またこのマルミミゾウは、日本人になじみのあるゾウらしく、童謡「ぞうさん」の作者としても知られる詩人まど・みちおさん[20]もこのマルミミゾウについて書いていることがわかりました。

16

【アフリカゾウ】

ゾウ科の哺乳類。サハラ砂漠以南のアフリカのサバンナに分布し、サバンナゾウとも呼ばれる。体長6～7・5メートル、肩の高さは3メートル、体重5トン以上で、インドゾウより大きく、特に耳は3倍近く大きい。鼻の先端に指状突起が2個ある。象牙のため乱獲され、生息数が激減している。学名はLoxodonta africana。

17

「アフリカゾウ　実は2種類　遺伝情報異なる」

アフリカゾウは単一の種ではなく二つの種に分類すべきであることを、米ハーバード大などの国際チームが、ゲノム（全遺伝情報）解析で明らかにした。アフリカゾウの仲間とされるサバンナゾウとマルミミゾウは「異なる種ではないか」と学者の間で論争になっていた。調査の結果、同一種とはいえないほどゲノムの違いが大きかった。米科学誌に発表した。サバンナゾウは、オスの肩の高さが3～4メートルあり、2・1～2・7メートルのマルミミゾウとは体の大きさが違うため、異種とする見方があった。一方で、細胞内にある別の器官のゲノム解析では、両者の違いが少ないことから、同一種とする意見もあった。研究チームが双方のゲノムを比較したところ、710万～190万年前に異なる種に分岐していたことが判明した。遺伝的にみると、ふさふさした体毛や大きな丸まった牙を持つマンモスと、そうした特徴のないアジアゾウほどの違いがあると考えられるという。（2010/12/27　東京読売新聞）

18

【サバンナゾウ】

一般的にアフリカゾウと呼ばれる。

もしも情報地図を意識せず、この最新情報を探るというひと手間をうっかり省いていたら、ゾウの世界ではメジャーな種類であるマルミミゾウについての情報が欠けた報告をクライアントにしていたところでした。これでは「網羅」していることになりません。

子どものころからなじみ、かなり知ったつもりになっていた私のゾウについての脳内情報地図に新たな情報が加えられた瞬間でした。

しかし、この年末のニュースで発表されたのは、アフリカゾウはマルミミゾウとサバンナゾウに分かれるという新しい説です。この原稿を書いている現在もまだマルミミゾウの位置づけについては、決定的な見解は出ていません（図3参照）。

私の情報地図のなかのマルミミゾウもどこに落ち着いたらいいのか困惑気味です。今後もゾウに関する最新の研究結果が発表され、その情報を受け取るたび、情報地図は書き換えられていくでしょう。

このように情報地図を充実させていくこと自体が、私の考えるリサーチです。知りたかったことばかりではなく、自分では思いもよらないことも調べる対象にすることが可能になります。お題に関して、どの方向から何を聞かれても答えられる、たとえズバリ正解がすぐにはわからなくても事実に基づいた仮説を立てられるのです。

繰り返しますが、情報というのは単体で存在しているより、つながっているこ

19 **【マルミミゾウ】**

哺乳綱長鼻目ゾウ科の動物。アフリカゾウの一亜種で、西アフリカのカメルーンからコンゴ地方、アンゴラの森林地帯に分布し、「森林ゾウ」とも呼ばれる。体高2・4メートル以下。もう一つの亜種アフリカゾウに比べ体は小さい。象牙は比較的小さく、湾曲せずにより直線的に下方へ伸びている。

20 **【詩人まど・みちお】**

昭和－平成時代の童謡詩人。明治42年生まれ。平成26年、104歳で永眠。「ぞうさん」「やぎさんゆうびん」「一ねんせいになったら」などの作品で知られる。

とで価値が高まるというのが私の持論です。その情報が今回のお題の正解かどうか判断する基準は、つながりのなかでの位置づけによるのです。

■空白部分が情報になる

このように頭のなかに描いた情報地図は、実際の番組作りでどのように使われていくのでしょうか。

たとえば、番組で「B級グルメ」を特集することになったとします。このとき私はまず、「B—1グランプリ」などで公式情報をおさえ、その核をもとに幅広くリサーチした情報を取り込んだ頭のなかの情報地図を、次のようにレジュメに落とし込みます。

1.「B級グルメの定義、歴史」
2.「B級グルメの定番ラインナップ」
3.「B級グルメのニューフェイス」

図3　新説で書き換えられた情報地図

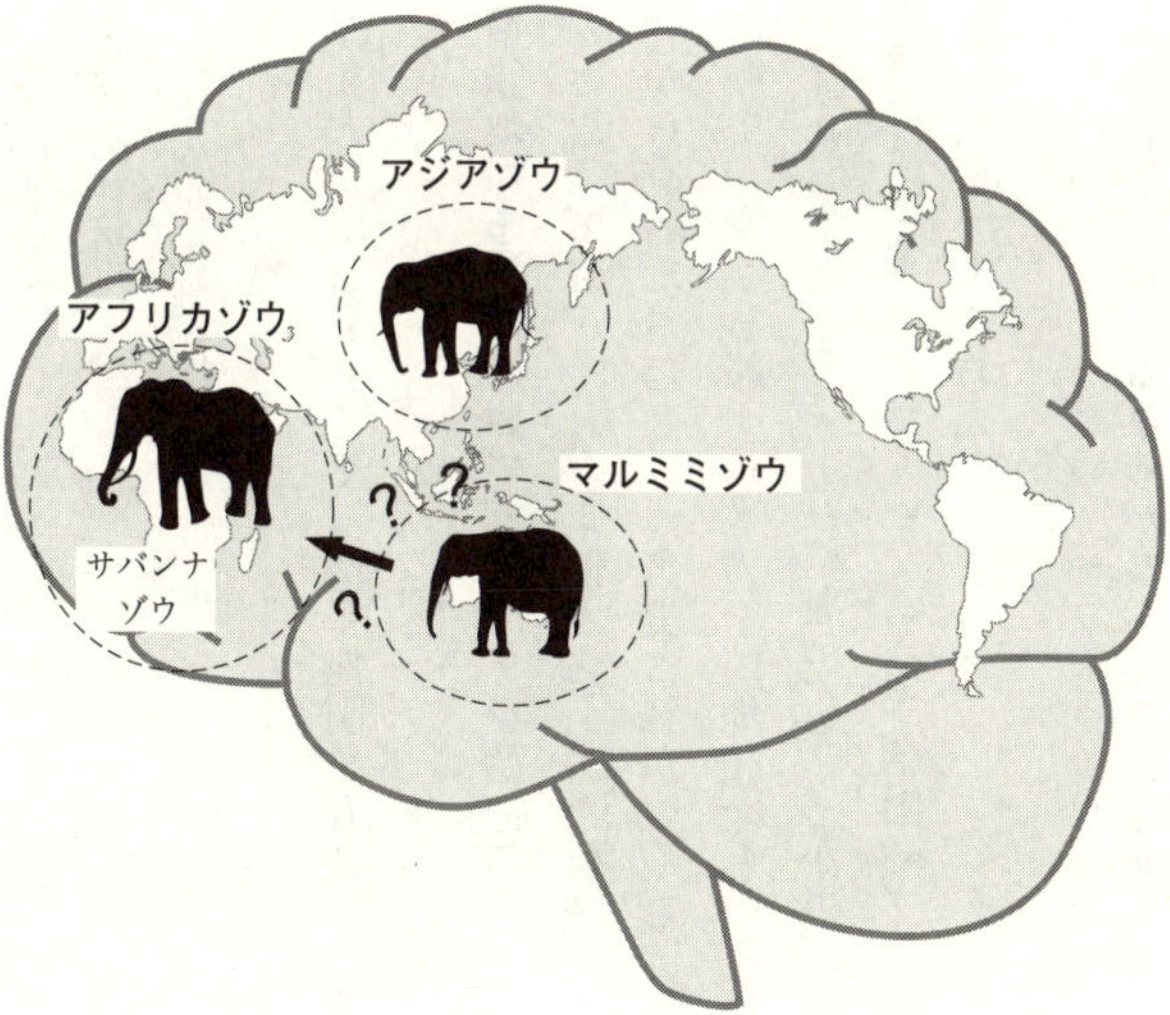

アフリカゾウはマルミミゾウとサバンナゾウに分かれるという新説が出たが、決定的な見解ではない。私の情報地図のなかのマルミミゾウもどこに落ち着いたらいいのか困惑気味。

4.「B級グルメの番外編」
5.「B級グルメの仕掛け人」
6.「B級グルメの全国地図」

といったような大見出しを立てて、情報地図をもとにリサーチの骨組みを作ります。

ところが、情報地図を持たないでリサーチを始めると、「最先端のB級グルメ」情報を見つけたと思っても、それが以前からあった料理かもしれない可能性や、ある地域では昔から有名だったという事実に気がつくことができません。

「B級グルメの歴史」や「B級グルメの全国地図」という見出しに触れているからこそ、「じつは一〇年前にもブームになった〇〇が再び脚光を浴びています」とか、「××地域だけで食べられていた△△が全国的ブームになっています」などということがいえるわけです。

網羅とは、文字通り、調べる事柄がはらんでいるあらゆる要素の広がりを把握することです。分類が必要なのは、網羅した情報の海に溺れないようにするためです。網羅し分類すれば、見落とす可能性は低くなります。この作業をていねいに行うことは、一見、時間と手間がかかるように見えますが、じつはとても合理的なのです。

「網羅」のコツはいくつかありますが、「定義」「時間軸」「関連人物」「画像」などの視点で、情報を集めると、漏れが防げます。

また、後に紹介する5つの方法のすべてを実行するのも有意義です。

こうして網羅し、分類していくと自分のなかで情報地図の空白部分が見えます。情報を埋めれば、さらに充実した情報地図になります。バラバラな情報の断片を、脳内の収まるべき場所にマッピングしていく作業です。時には、しまう情報がなくて、場所だけがあるということもあります。その空白、「情報がない」ということもまた「情報」です。

情報を集め、分類するという、ここまでの過程で、アイデアの種が見つかることがよくあります。分野による情報の厚さ、薄さ、過去のブームのパターンなどから、新しい切り口を探し出すことが可能になるからです。

B級グルメの例で言えば、「最先端のメニューは、どれも同じようなもので、これというものがない。それよりは焼きそばの各地のバリエーションのほうがよっぽどユニークなものがある」ということや、「B級グルメのメニューだけでなく、この仕掛け人を取り上げるという目線もおもしろいです」というように、六〇分の番組を、どう作るとおもしろいか、その材料となる意見が言えるのです。これができてこそ、価値のあるリサーチといえるでしょう。

■情報を扱うプロの三原則

リサーチを始める前に、情報を扱う上で守らなければならないルールがあります。これを守らないと、せっかく集めた情報の信憑性に疑いをもたれてしまうことになりかねません。情報を扱う上での基本として覚えておきましょう。

（1）出典明記と原典主義

第一のポイントは、情報の出所、つまり出典[21]と原典[22]についてです。その情報はどこからのものなのか、信頼できる媒体なのかを吟味するということ、そしてどこから情報を得ているのかということを明確にすること。これは鉄則です。「どこで見たのかわかりませんが、こういう情報がありました」ではまったく説得力がありません。

出典が確認できない情報は外に出さないということを厳守しましょう。リサーチ結果をまとめたレジュメにも、当然出典情報は欠かせません。

例

21　【出典】
引用された語句などの出ている書物や典拠のこと。

22　【原典】
元になる書物。引用や翻訳などの元になった書物。原書、原本のこと。

【出典】〇〇新聞〇月〇日付
【出典】〇〇ニュースサイトURL：〇〇.com

〇〇新聞からの情報と、ネットの掲示板からの情報とでは、受け取り方がおのずと違ってきます。受け取る側の身になって考えれば、情報の出所がわかって読むのと、わからないまま読まされるのとでは、情報そのものの理解の度合いも受け入れやすさも違ってくるからです。

どこから、何の、何に載っていたか、ということも大切な情報の一部であることを忘れてはいけません。

そしてその出典は原典であることがベストです。孫引き[23]の情報が載っている媒体を出典と示しても意味がありません。そこには必ず原典が何であるか明記されていないと信頼に足る情報とはいえないのです。

原典とは、引用や翻訳などの元である、一次資料のことです。ここでいう原典主義とは、出来事の大本になったものは何かというのを、できるだけ突き止めるということです。実際、情報はどこでどう改変されているかわかりません。特にこれだけインターネットが発達した時代、誰もが情報を発信できます。だからこそ、最初に発生したところの情報に、なるたけ触れるようにするということです。

たとえば海外の某大学で、難病の特効薬につながる大発明が発表されたという情報をつかんだとします。その場合、論文そのものはもちろん、その論文が掲載された科学雑誌や大学の告知なども「原典」になると考えます。その原典に当たると、特効薬は副産物で、本来はダイエットの研究だったなんてことがあるかもしれません。

原典にまでたどりつくのは難しいこともあるかもしれませんが、特に外部に提

23 **【孫引き】**
文章を引用する際、原典・原文から直接に引くのではなく、ほかの本に引用されたものをそのまま用いること。

出するような情報のときには、できる限りそこに立ち返りましょう、ということです。

（2）複数ソース主義

情報の信頼性を確認するには、「裏取り」が欠かせません。一カ所の情報源に頼るのではなく、同じことが他の媒体にも載っているか、そしてどう扱われているかということを確認するひと手間を惜しまないことが複数ソース主義です。ニュースソースひとつに頼るのは本当に危険なのです。その典型的な例が「エイプリルフールの罠[24]」です。

かつて海外情報を扱う番組でのこと、新人リサーチャーたちが、海外の有力メディアが四月一日に伝えた奇想天外なニュースに飛びつき、会議の場で自慢のネタを滔々《とうとう》と披露すると「それ、エイプリルフールネタじゃないの？」と言われ、愕然とする場面がよく見られました。過去には、日本の新聞もこのエイプリルフール情報に担がれてしまったこともあるほど巧妙な罠なのです。

この罠の一番やっかいなところは、いつもは信頼できるソースが堂々とウソのネタを報道するところです。駆け出しの新人に見破れといってもできるはずもありません。たいてい数日後の「ウソでした」という報道で気づくことになるのです。

ただし、複数ソース主義を貫いていれば、同じ話を別のソースで探してみることにより「このニュース、何かおかしい」ということに気づくはずです。飛びきりセンセーショナルなことなのに、他のどこにも報道されていないのですから。

このように複数のソースを当たることは、確かな情報を選びとる有効な手段なのです。飛びきりの情報にぶつかったときほど、複数のソースに当たることを忘れてはなりません。

24

【エイプリルフールの罠】

「世界初の空飛ぶウサギ発見」「ディズニーがブレーブス買収」「金に困った国連が月面で新商売」「手乗り鹿発見」……海外の報道機関が流したエイプリルフールニュースの一例。

（3）アフターイメージ

第三のポイントは、情報が与える影響をイメージするということです。

影響をイメージするというのは、情報が自分の手元を離れた後、ひとり歩きしたときに、どんなふうな受け止められ方をするのかを考えるということです。テレビ番組の会議で、私の報告した情報がウケるのかウケないのかということも、ひとつの影響です。

私が調査した情報が加えられて番組が作られたときに、視聴者はどうとらえるのか、そのことをよく知っている専門家がどう考えるのか、その情報が誰にどんな影響を与えるのかということを意識せずにはいられません。

ある人にはおもしろくても、誰かに不快な思いをさせることにならないか。そういったことを考慮することなく情報を扱ってはいけないと思うのです。

私のなかで情報を扱うルールというのは、この三つです。

〈特記〉フェイクニュース

まさか単行本出版から7年を経て、悪意に満ちたフェイクニュースが世界を席《せっ》巻《けん》する時代になろうとは、思いもしませんでした。ネット上のデマは、「政治」の場面だけでなく「災害情報」など命に関わる場面にも紛《まぎ》れています。「プロの三原則」の徹底こそ、情報社会を生き抜くコツです。

では、どんな情報が提供に足るか。その線引きは非常にシンプルです。クライアントのニーズに合った「おもしろい情報」です。そしてその「おもしろい情報」を見分けるのも簡単です。

情報に触れたとき、思わず、

「なるほど！」

「ウソッ？」

「……（感涙）」

「！（爆笑）」

これらの感嘆詞が、考える前に浮かび上がれば、それがおもしろい情報なのです。ただ、残念ながら、思わずこんな感嘆詞が浮かぶような飛びきりの情報は、それほど多くはありません。見分けるのは簡単ですが、出会うのが難しいのが「感嘆詞付き情報」です。

人物情報に関しても同じことがいえます。文字情報ばかりでなく、プロフィール写真一枚でも個性的なキャラクターが浮かび上がっていて、思わず感嘆詞が飛び出すことがあります。

ちなみに、とある情報バラエティ番組で活躍中の、ある専門家のお写真を初めて拝見したとき、思わず「堅っ！」「恐っ！」という感嘆詞が飛び出しました。その方は現在も、その当時感じた第一印象の期待を裏切らず、お堅くておっかないキャラクターとして、番組で活躍され、愛されています。

そんな印象も情報のひとつとして受け止めて、提案していく。これが情報バラエティ番組でのリサーチャーの役目です。

COLUMN
テレビリサーチの現場から 1

情報バラエティ番組では「思わず感嘆詞がもれる」情報を

情報バラエティとは、知って得になる情報や、視聴者の知的好奇心を満たすような情報をエンタテイメントとしてお届けする番組です。多くの情報バラエティでリサーチャーが仕事をしています。

情報バラエティとひとことでいっても、さまざまなスタイル、目的を持った番組があります。関わり方もそれぞれ異なりますが、おもに次の五つのことを調べるのがリサーチャーの仕事です。

1. 旬のトレンドについての情報
2. 驚きを伴う森羅万象（びっくりニュース、映像、人物など）
3. トーク番組の題材になる人物の情報
4. 歴史、科学、法律、文学……など、分野に特化した専門情報
5. 出演して解説をしてもらったり、取材を受けてもらう専門家に関する情報

美味しい食べ物であれ、奇想天外な人物であれ、難しい研究論文であれ、いまの世の中に情報はたくさんあります。そのたくさんの情報のなかから番組制作者たちの「作ってみたい」という琴線に触れる情報を提供してこそ、プロの仕事。彼らのクリエイティブのスイッチを押す。分野は多岐にわたりますが、情報バラエティ番組で求められるのは、ただこれだけです。

2章

プロのネタ取りは五つのソースで!

──書籍、新聞、雑誌、インターネット、対人取材で「網羅」→「分類」

プロが使う「五つの基本ソース」

これまで繰り返し述べてきたように、リサーチの基本は「網羅と分類」です。

その網羅に欠かせないのが、基本の五つのソースです。

その基本ソースというのは、

1. 書籍
2. 新聞
3. 雑誌
4. インターネット
5. 対人取材

の五つです。

これらのソースをお題ごとにオーダーメイドで組み合わせを変えたり、広げたりする。これがリサーチの基本のセオリーです。

そして、意外に思われるかもしれませんが、

書籍↓新聞↓雑誌↓インターネット↓対人取材

という、この順番でソースに当たることが、非常に重要なのです。

もちろん、五つのソース以外にも、テレビや映画のパンフレット[25]、スーパーの

25

【パンフレット】
映画のパンフレットは情報の宝庫。撮影裏話のおもしろさはもちろんのこと、一番の収穫は解説者。サイコサスペンスなら心理学、スパイ映画ならスパイ、SF映画なら量子力学……といった具合に、映画の主題に沿った専門家が必ず解説を寄せている。こういった方々は、素人にわかりやすい解説がお得意なので、取材協力の候補者として、欠かさずチェックする。

チラシ、神社の石碑からおばあちゃんの知恵袋などなど、調べものに使える情報ソースは世の中いたるところにあるわけですが、いくら網羅といってもすべてに当たるわけにはいきません。

まずは基本の五つのソースを総まくりします。この作業を経ると絶対に何かのヒントは見えてきます。

さらに、この五つのソースそれぞれの特徴を理解することで、リサーチの効率と成果が上がります。

特に、情報が手に入りやすくなった時代だからこそ、原点に立ち返り、情報にきちんと当たる調査力が重要になってきていると思います。

では、五つのソースのそれぞれの特色と、リサーチのコツを紹介していきましょう。

1「書籍」で切り口[26]を手に入れる

世の中にはたくさんの情報源がありますが、私が最初に頼るのは書籍です。書籍は、包括的な情報が載っており、さらに著者という発信者が明記されています。そして何よりも有料であることが重要です。無料の情報は受け手にとっても手軽ですが、発信側にとっても手軽なのです。

ひとつのテーマについても、さまざまな時代の人々がそれぞれの立場から多彩な本を書いています。書籍をていねいに当たることで、確かな情報を引き出せるだけでなく、その後のリサーチに役立つ示唆を得ることもできます。そこを横着

26

【切り口】

本書では、「目のつけどころ」という意で使っている。アプローチ案。テーマ案。

すると、その大事な手掛かりのないまま、情報の海で探し物をしなければなりません。

リサーチの質にこだわるのなら、そこは原点回帰。書籍の持つ力を利用するのが、じつは近道なのです。

■タイトルと著者プロフィールは情報の宝庫

お題を確認し、公式情報で核を作り、リサーチの戦略を立てたあと、さっそく取り掛かるのは、お題に関わる分野の書籍タイトルを大量に眺めるという作業です。

子どものときから、いまも続く癖なのですが、私は書店に行くと、目当てのコーナーだけではなくて、店内の端から端までをずっと、書棚を見ながら歩きます。背表紙、つまりタイトルだけを、ただ眺めるというのが昔からの習慣としてあったのですが、これがアイデアを活性化するのにとても役立つのです。

本の中身を読まなくても、情報が欲しい分野の本のタイトルを何十冊か見ると、そのなかに書いてある情報は自然と自分のなかにできあがってきます。もちろん読んでいないので想像なのですが、リサーチの初手の段階では、それで十分なのです。戦略を立てる際に公式情報をふまえていれば、タイトルから内容をイメージすることは難しいことではありません。

ここで探すものは、情報そのものではなく「切り口」です。このお題をどの角度から切れば、おもしろい情報が引き出せるのか。さまざまな切り口で書かれた書籍のタイトルから、たくさんのバリエーションを知ることができます。本は本文に限らず、タイトルも大変有効な情報なのです。

実際の書籍で試してみましょう。たとえば、「江戸」というキーワードで何か発想してみるとして、江戸にまつわる本をピックアップしてみましょう。

『現代に生きる江戸談義十番』
『面白いほどよくわかる江戸時代　社会のしくみと庶民の暮らしを読み解く！』

『江戸前ずしに生きる　浅草、繁盛店の江戸前ずし覚書』
『江戸時代おもしろビックリ商売図鑑　古写真と錦絵でよみがえる』
『江戸の妖怪絵巻』
『たべもの江戸史』
『お江戸の意外な商売事情　リサイクル業からファストフードまで』
『大奥の謎を解く　江戸城の迷宮』
『大江戸テクノロジー事情』
『図解　江戸流そば打ち技術』
『江戸名物家臣列伝―わが藩にこの人あり』
『江戸を騒がせた珍談、奇談、大災害』
『江戸の園芸　平成のガーデニング』

どうでしょう。
「江戸」といっても、いろいろな切り口があるということがわかると思います。

背表紙には、タイトルの他にまだまだ重要な情報が載っています。それは著者情報です。本を書くということは、その分野の専門家ということですから、「これは！」と思った本の著者は対人取材の有力な候補となります。書籍の背表紙を眺めるということは、切り口のアイデアを探すと同時に、取材対象者の情報も同時に探ることになるのです。

著者プロフィールからも、たくさんのヒントを得ることができます。たとえば、著者が大学教授だとしたら、所属している学部、学科、研究内容はすべてヒントでありキーワードになります。そのあたりもとりこぼしのないよう目を通しておきましょう。

■Amazonと紀伊國屋書店サイトの二刀流で「網羅」「分類」

実際に図書館や書店の棚の前で本を手にとって眺めてみるのがベストですが、インターネット環境にあればいつでも使えるオンライン書店も強力な味方です。たくさんの本を自在に眺めてアイデアを膨らませるという目的に適《かな》うのです。

私はいつもＡｍａｚｏｎと紀伊國屋書店のオンライン書店データベースを利用しています（図4）。この二つのサイトを同時に使うことで「網羅」と「分類」ができるのです。

まずは紀伊國屋書店BookWebのデータベース[27]から取り掛かります。お題のキーワードを入力して検索しましょう。するとキーワードがタイトルに含まれる本のリストがだーっと並んで現われます。

フリーキーワードによる検索は言葉そのものに反応します。その検索結果に人の意思や感情が入らないのがポイントです。並び順を「新着順」に指定すると、ただただ分類されている本を機械的に探し出し、発行年月順にリストアップするわけです。これは圧倒的な網羅力です。

そのリストをとにかく逐一、漏らさず見ます。調べものにはあまり関係なさそうな小説や児童書（児童書の切り口は参考になります。例えば、難しい裁判の話も、『裁判のしくみ絵事典』と言われると、「絵」で見てみたくなります）のタイトルがズラッと入ってきたりすることもありますが、それもそれとして見ます。

図4　私がいつも利用している Amazon と紀伊國屋書店 BookWeb

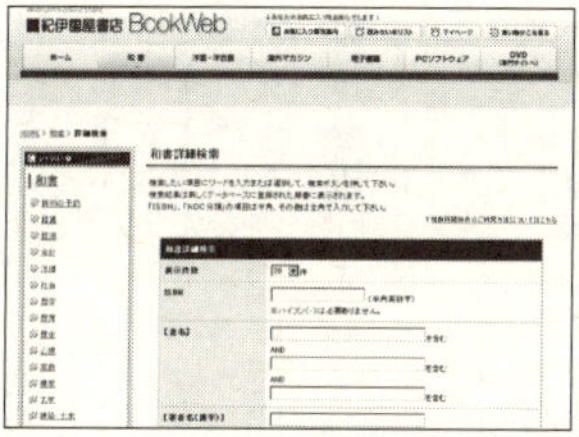

①紀伊國屋書店 BookWeb

②Amazon

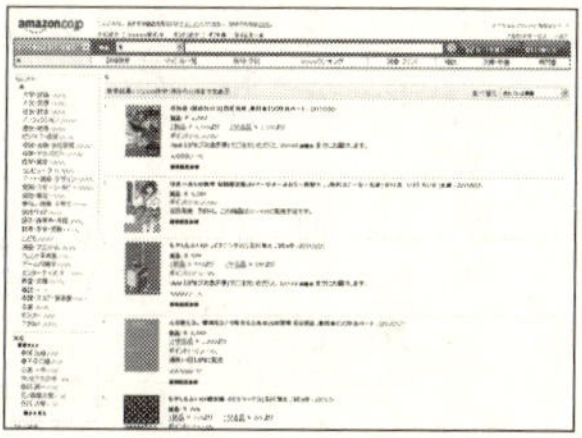

まず紀伊國屋書店 BookWeb で検索。Amazon を使うのは、その次。

（画像イメージは 2011 年初版時）

これらの情報はたとえば、会議のときに、流れに応じて用意した資料以外のことを話すのに役立ちます。

特に一般的なキーワードで検索すると余計なものもいっぱい入ってきて大変ですが、大量のタイトルについて内容解説をざっと読んで、選り分けていきます。たくさんある雑音を排除する、つまりここから「網羅」と同時に「分類」がスタートします。

一方Amazonのデータベースは、紀伊國屋書店のデータベースの対極にあります。Amazonのデータベースは、そのデータベースを使った人たちの好みや興味の傾向を分析する、「考えるデータベース」になっています。

Amazonの特徴は、「関連」が優先されていて、どう関連するかはデータベースが考えているのです。またそこから一冊を選んだ先にも特徴があります。選んだ本に関して、他のユーザーのアクセス状況から「この商品を見た後に買っているのは?」「よく一緒に購入されている商品」というリストが表示されます。そしてその本が属しているカテゴリーやキーワードをもとに「〝○○〟の商品をお探しですか？」と関連本リストがぶら下がります。

私は他人に考えるところを委ねるのがあまり好きではないので、まず紀伊國屋書店のデータベースで無作為の「網羅」をし、興味ある一冊を選び出し、そのタイトルをAmazonで検索します。そうすると「興味ある一冊」の関連本をAmazonが上手に探してきてくれるのです。

そうしないで、いきなりAmazonから入ると、入力したキーワード以外の関連語でも拾ってくれますし、その分野に関係のあるであろう本をたくさんリンクしてくれるので、興味のまま目移りしてアレコレ見てしまい、網羅すべきところに漏れを生じさせ、気がつけば本来の目的の情報から遥か遠く、なんてことも

27　【紀伊國屋書店 BookWeb のデータベース】

検索に慣れている人には〝詳細検索〟がおすすめ。「内容キーワード」に語句を入れた後、「分類」を選択してから検索する。分類は、教養・芸術・文芸・絵本……など本の分野を示したもの。対象が絞り込まれて雑音が排除されるのはもちろんのこと、あえてキーワードと畑違いの分類を選択して検索してみると、思いもかけない切り口の本と巡り合えたりして楽しい。

起こります。

もうひとつ、書店データベースを使う利点は、タイトルを眺めるだけでなく本文も読みたいと思ったとき、そのまま注文し配送してもらえることです。

ちなみにリンクからリンクへと次々に画面を移動して本のチェックをするとき、「ほしい物リスト」が非常に便利です。目ぼしい本を見つけたら「ほしい物リスト」にポイポイ追加していくのです。するとその「ほしい物リスト」があなたのアイデア活性リストになるのです。

2018年現在、「一緒に購入されている商品」の表示は、紀伊國屋書店でも示されるようになっています。

■専門図書館を使いこなす

さあ、ここでお題に対してストライクであろう本のリストができました。もちろんそのままネット書店で購入すれば早いのですが、図書館を使うなら、ようやくここで図書館に出かける準備ができるわけです。ここでは図書館の利用について、お話ししようと思います。

私が住んでいる東京の場合ですが、東京都公立図書館統合検索[28]のサイトがあります。このサイトから東京都内の公立図書館の蔵書約四八七六万冊（平成三十年現在）を一括して検索できます。タイトルや著者から、どこの図書館に蔵書されているか確認することができます。交通の便なども考慮しながら、借りられる図書館を探します。なかには手間と交通費をかけて図書館で借りるくらいなら購入したほうがよいと判断されるケースもあるかもしれません。

できれば出かける前に図書館に電話をかけて、蔵書が実際にあるか確認し、取

28
【東京都公立図書館統合検索】
インターネットに公開されている東京都内の各公共図書館の蔵書検索を、サイト上で一度に横断して検索できるシステムで、誰でも利用可能。リアルタイムに各図書館の蔵書に対して検索をかけているため、検索実行時点での各図書館サイトの書誌・所蔵情報を知ることができる。

り置きしてもらえば完璧です。

公共図書館のほかに専門図書館というものがあります。あわせていくつかご紹介しましょう。

○国立国会図書館[29]

唯一の国立図書館として、納本制度に基づき、国民から納入された出版物を中心に蔵書を構築しています。施設は東京本館、関西館、国際子ども図書館の三つで、資料の閲覧や複写などの来館利用サービスを行っています。インターネットサイトの蔵書検索システムが充実しているので、目的物を十分に調べてから足を運ぶと、効率的です。また、インターネット経由の資料の複写申込など、来館しないで利用できるサービスもあるので、遠方の人も利用可能です。施設および資料の利用は、十八歳以上。
http://www.ndl.go.jp

○日本交通公社　旅の図書館[30]

日本各地、世界各国の観光文化に関する図書・地図、旅行雑誌やパンフレット資料を閲覧することができます。観光情報は刻々と変わっていくものなので最新の情報が揃っているこの図書館はとても重宝します。開架式、貸し出し不可。

http://www.jtb.or.jp/library

○味の素食の文化センター　食の文化ライブラリー[31]

29 **【国立国会図書館】**
【所在地】東京都千代田区永田町1-10-1

30 **【日本交通公社　旅の図書館】**
【所在地】東京都港区南青山2-7-29　日本交通交社ビル

31 **【味の素食の文化センター　食の文化ライブラリー】**
【所在地】東京都港区高輪3-13-65　味の素グループ高輪研修センター内

財団法人味の素食の文化センターが収集してきた、食文化に関連した資料を公開、図書の貸し出しを行っています。専門図書館だけあって、独自の細かな分類がされており、資料が探しやすくなっています。所蔵されているのは、学術論文から錦絵まで、「食は文化」ということがよくわかります。開架式、貸し出し可。

http://www.syokubunka.or.jp/facilities/library/

○米国大使館　レファレンス資料室[32]

米国大使館が全国五都市（札幌、東京、名古屋、大阪、福岡）に設けている米国についての情報提供を行う窓口です。政治、経済、安全保障、外交、社会などについての資料が揃っています。いくつかの定期刊行物も読めます。いつも問い合わせに親切に対応してくださるので、とても助かります。

http://japanese.japan.usembassy.gov/j/ircj-main.html

○松竹大谷図書館[33]

映画、演劇事業を展開する松竹が収集してきた資料を一般公開しています。歌舞伎をはじめとする演劇、映画、テレビ番組に関する文献、雑誌、写真、プログラム、ポスターなど資料が豊富に揃っています。閉架式の図書館で、カード式目録で管理されています。閲覧のみ可能で貸し出し不可。

http://www.shochiku.co.jp/shochiku-otani-toshokan/

これらの専門図書館には、書店には並んでいないユニークな資料があります。

32 **【米国大使館　レファレンス資料室】**
【所在地】東京都港区赤坂1-1-14　野村不動産溜池ビル8階

33 **【松竹大谷図書館】**
【所在地】東京都中央区築地1-13-1　銀座松竹スクエア3階

専門図書館は、なかなか敷居が高いかもしれませんが、お題によっては必須の場合もあります。気になる専門図書館があったら、一度見学しておくと、イザというとき役に立つでしょう。

■プロのリサーチャーが実践する資料書籍速読法——一日一〇冊読みこなす

本から情報がたくさん取れることはわかっていても、限られた時間のなかで多読するなんてできないと思われるかもしれません。たしかに読書ばかりしているわけにはいかないでしょう。

しかし、本のよいところは、机に向かっているときだけしか読めないものではないということ(私はお風呂のなかでの読書が一番はかどります)。通勤時間や寝る前など、ゲームやスマホに向かう時間を資料本のために使ってみるのも手だと思います。

一冊一冊じっくり読むことが大前提ですが、とはいえ、時間に追われてそうもいかないこともあります。本を紹介する番組をやっていたときは、一回のプレゼンで三〇冊紹介するため、毎日一〇冊ほど読まなくてはならない状況でした。読むだけでなく、クリエーターたちの前で「この本は、こういうところがおもしろくて……」とプレゼンしなければならない。そんな楽しくも苦しい仕事で、思いがけず独自の速読法を培うことになったのです。

その方法とは、このようなものです。

本文を眺めて、ひらがなを読まずに漢字と熟語を拾っていくように読みます。読むというより、見るに近いかもしれません。

しかし、そういう読み方をするためには、下準備が必要です。いきなり本文に取り掛かっても、すこしも内容をつかむことはできず、焦るばかりです。

下準備の順番は決まっています。書籍を手に取り、①表紙と帯[34]をチェック、その次に読むのは、②著者の略歴と③参考文献、④奥付[35]です。

あらゆる情報に関していえるのですが、誰がいつ書いているか、ニュースソースはどこなのかというところがわからないと、どういうスタンスで読んでいいものか、心構えができません。

私は、身元不明の情報は脳が価値ある情報として認識してくれない体質に、すっかりなってしまいました。まったく頭に入ってこないのです。ですから、情報の発信元である、著者の略歴や奥付を確認しています。

また奥付では、発行年時を確認しています。その情報が新しいものなのか古いものなのかをここで判断します。そして出版社がどこであるかも重要な情報です。総合出版社か専門出版社か、老舗か新興かなども、情報の精度や深度を測る時の手がかりです。

そのあと⑤目次を見て、⑥まえがきとあとがきを読みます。以上の材料から、頭のなかにこの本はこういうことが書かれているはず……という仮説を作り上げるのです。本文はその仮説に沿っているかという観点で拾い読みしていくと、一字一句読まなくてもざっと内容を知ることができます。

じっくり本文を読むべき個所は、お題に直結する、最も知りたい部分と、仮説に沿っていなかった部分です。

34
【（本の）帯】
書籍や外箱に巻き付けられた印刷物のこと。書名・著者名・内容の簡単な紹介、または短評などを印刷し、帯状にして表紙や箱の腰の部分に巻き、広告・宣伝を兼ねる。古書・古本市場では、帯の有無が問われることもある。

35
【奥付】
末尾に、書名、著者、編者、訳者、発行者、発行所、印刷所、印刷・発行年月日、刷数、版数、定価などを記したページ、またはその部分をいう。法的に定められたのは江戸幕府が1722（享保7）年12月、5カ条からなる出版取締令を公布したときに始まる。その第4条に「何書物によらず此後新板之物、作者並板元実名奥書為致可申候事」とあり、これが明治新政府の出版条例（1869年）に受け継がれ、出版法（1893年）により記載の形式も整えられた。その後出版法は廃止されたが、現在に踏襲されている。

2 「新聞」で世間の風を手に入れる――即時性と一覧性

新聞の一番の特徴は、即時性と一覧性です。

即時性とは、いま起こっていることを時間を置かずに伝えるということです。新聞は日刊ですので、週刊誌や月刊誌に比べて、その日に起きた事件事故などを翌日には伝えられます。テレビ、インターネットはもちろん、SNSなど最新のリアルタイムメディアなどと比較するとその即時性は劣るといわれていますが、新聞は、日本や世界の各地に支局を置き、記者を配置していて、独自の、信頼性の高い情報をすばやく発信しています。

一覧性とは、ひと目で全体が見渡せるようにまとめられていることです。新聞紙面には、第一報があって、それを受ける記事があります。事実を伝える記事があり、その横に関係者の声がある。また、記事には見出し、リード、本文、写真や図があって、それらの要素が相まって紙面が構成されています。複雑な作りに見えて、読む側はひと目で記事が伝える概要をつかむことができます。いっぺんに情報が体系化してインプットされるのです。これが一覧性の特徴です。

たとえば、今年のサッカーワールドカップ・ロシア大会のときの新聞報道を思い出してみましょう。1面に日本代表の試合結果が速報としてあり、それを受けた記事として、スポーツ面に、試合経過の詳細や選手のインタビューなどがあります。さらに社会面では、相手国の様子や日本人選手への地元の反応などが伝えられ、周辺記事としてワールドカップ開催で盛り上がるロシアの様子や、盛り上がる日本中のパブリックビューイングといった記事でにぎわっていました。

■新聞は紙で読むかネットで読むか

最近ではニュースをインターネットで読むことも多くなりました。紙の新聞とどこが違うのでしょうか。

私は古い人間だと言われようと、現時点で言えば、インターネット（Yahoo! ニユースのようなヘッドラインから読むニュースのこと）と新聞では、新聞に軍配を上げます。なぜかというと、やはり紙の持つ一覧性はとても優れていると感じるからです。一見して広範な事物を知ることができるということはやはりすごい。隣り合った関係ない記事も、興味のない記事でも、ざっと一面ごと目を通すうちに何となく一緒に見てしまうわけで、そのときに意図せず情報を摂取できるのもうれしいのです。

一方、インターネットのニュースは、現在のところ、ポータルサイトなどで表示されるヘッドラインがあって、そこから自分が読みたいニュースを選ぶという形が主流だと思います。この方法は、多忙な現代人にはとても便利ですが、自分の興味の外にある情報に触れる機会を失ってしまいます。私自身もついつい紙の新聞を読まず、ヘッドラインから主だったニュースをいくつか拾って読むだけで済ませてしまうこともあるのですが、やはりどこか物足りなく感じます。

その一覧性のよさとインターネットの便利さが融合したのが、スマートフォン[36]

図5　新聞の「一覧性」はやはりすごい

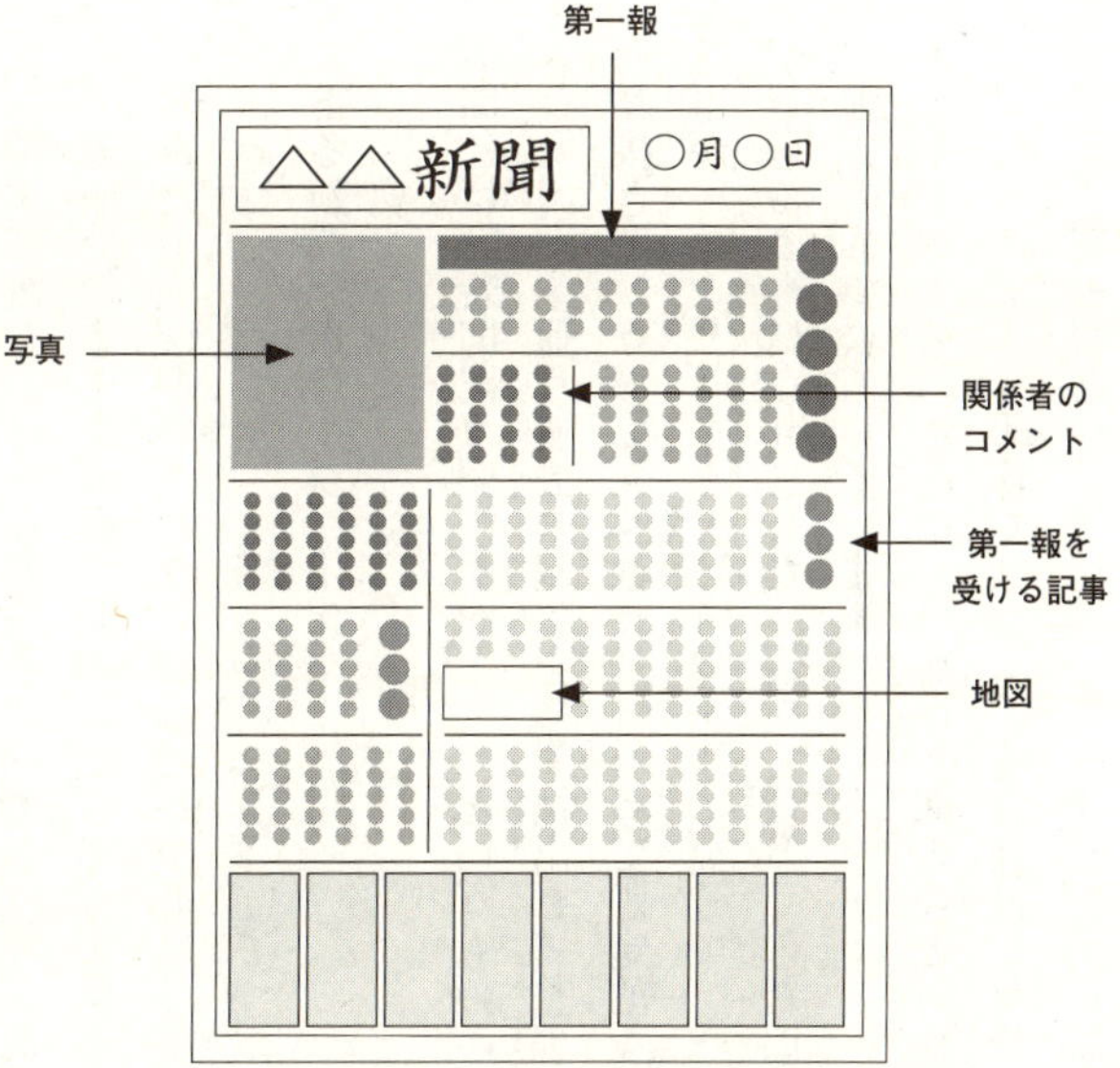

ひと目で全体が見渡せる新聞の紙面。
興味のない記事でも、情報収集ができる。

やタブレット端末[37]で読む、いわゆる電子新聞でしょう。記事ごとに表示されるだけではなく、紙面そのままを画面で見ることもできます。きっと私のように紙面のかたちで読みたい人が多いからなのではないでしょうか。

■対極にある新聞記事データベース

一方、新聞には「新聞記事データベース」というものがあります。新聞記事データベースとは、文字通り過去の記事を検索抽出し、整理し集めたものです。かつては、切り抜きという形で保存され、きわめて限定的な検索語でしか取り出せなかった記事が、コンピュータというツールの発達で、さまざまな検索語で取り出すことができるようになりました。現在では多くの新聞社がデータベースを有料・無料、両方の形で公開しています。

新聞記事データベースの特徴は、一覧性と即時性と対極にあります。つまり一覧はできず、記事は単体、即時ではなく、時間経過した後に閲覧されることを想定した情報です。第一報と「受け記事」[38]で成立していた記事が、データベース内

では単体で成立し、しかもあとから「受け記事」だけ見ても意味が通じる情報に

36

【スマートフォン】

パーソナルコンピュータなみの機能を持たせた携帯電話やＰＨＳの総称。パソコン同様にウェブページの閲覧、インターネット上のさまざまなサービスやインターネットメール、ビジネスアプリケーションの使用、音楽や動画などマルチメディアの利用、ＰＤＡ（携帯情報端末）としての使用など多彩な機能を持つ携帯端末をいう。また、さまざまなアプリケーションをインストールすることで、さらに機能強化ができる。ちなみに、スマートは「賢い」といった意味。

37

【タブレット端末】

液晶ディスプレーなどの表示部分にタッチパネルを搭載し、指で操作する携帯情報端末の総称。スマートフォンやデジタルオーディオプレーヤーの延長として、タッチパネルなどのユーザーインターフェースやインターネットの通信機能を維持したまま、ディスプレーを大型化し、メディアプレーヤーとしての使いやすさを充実させたものといえる。２０１０年にアップル社が発表したｉＰａｄに代表される。

38

【受け記事】

第一報の情報をふまえて書かれた記事。

切り替えられているからです。

■同じ事件を読み比べて世間の風を知る

さらに各社がそれぞれ行っている新聞記事検索を統合した「横断検索」というものもインターネット上で提供されています。横断検索をすると、スポーツ新聞も、いわゆる五大紙の記事もまとめて検索ができます。ひとつの事柄に対して、各社の記事を読み比べるのと、一紙だけ、たとえば朝日新聞だけ、読売新聞だけを読むのとでは、情報の理解が全然違うのです。

ただし、新聞記事検索を利用するには、料金がかかります（直近の記事は無料公開しているものも多くあります）。さらに横断検索を使用するとヒットする記事の数は膨大になることもあります。しかし、できるだけ偏りのない情報を手に入れようと思ったら、ここでお金を使うのを惜しまないほうがよいと思います。場合によるかもしれませんが、私はそういうときは、あえて全紙読みます。

たとえば、裁判員制度[39]に関して朝日と読売と産経と毎日と日経と、スポーツ新聞、それらを全部読んで初めてフィーリング、つまり世間の風向きがわかります。それを自分のなかで総まくりしてみるということなのです。

■情報のプロが、○○のときに読む新聞

「リサーチャーはお題によって読む新聞は違うのか？」という質問を受けることもあるのですが、大前提として、複数の新聞を読みます。理由は、網羅することに意味があるからです。前の項で述べたように、時代の風を感じるためにも必要なことです。

ただし、そこを踏まえた上で一段進んだコツとして、スポーツ紙オンリーで検

39

【裁判員制度】
平成16年5月21日「裁判員の参加する刑事裁判に関する法律」が成立し、平成21年5月21日に開始した制度。国民から無作為に選ばれた裁判員が裁判官と共同で審理を進める。近年、辞退者が増加している。

索することはあります。スポーツ紙は、おもしろくわかりやすく書くことに長《た》けていて、トピックスの選定も独特です。

ですからあえて、政治や科学など堅い内容についての記事を、スポーツ新聞で探してみることはあります。

たとえば、ノーベル賞受賞者に関する記事などは、受賞者が買ったお土産の品についてや、授賞式での恒例行事「カエル飛び」の様子など、一般紙では見かけない情報を伝えてくれます。

とはいえ、スポーツ紙だけの検索はリスク[40]があります。核情報を自分のなかにきっちり作ってからやってみる上級テクニックです。

40 **【リスク】** デフォルメや省略が過剰な場合がある。

3「雑誌」で専門ネタを狙う

インターネット時代の今日、雑誌も新聞同様、苦境にあるといわれているメディアです。しかし、私たちリサーチャーにとっては、欠かせない存在です。

雑誌の特徴はなんといっても、雑誌ごとに読者の姿が見えているということです。テレビや新聞は公共性が求められていて、老若男女、広い層に向けて発信しているメディアです。一方、雑誌は、もちろん例外はありますが、基本的に読者像をかなり具体的に想定しています。

たとえば、女性ファッション誌と一括りにしても、大学生とアラフォー女性では読む雑誌は違います。また二十代ＯＬをターゲットにしていても、ガーリー系、コンサバ系、モード系などと細分化されています。

この細分化は、女性ファッション誌に限った話ではありません。趣味嗜好のちょっとした違い（でも当事者にとっては大きな違い）で、テイストの違う雑誌が出ています。雑誌の世界に分け入ると、思いもよらない分野で思いもよらない雑誌が存在しています。そこが雑誌のおもしろいところであり、私たちリサーチャーが頼りにする理由でもあります。

雑誌から情報を得るのも、ツールが変わるだけで、方法論としては書籍と一緒です。雑誌は専門誌がたくさん出ているので、それらを活かすようにしています。

専門誌を見つけるには『雑誌新聞総かたろぐ』[41]を利用するといいでしょう。日本国内で発行されている新聞や雑誌といった定期刊行物についての年鑑で、私のバイブル的な存在です。約一八〇〇頁もある分厚い本ですが、内容は、ほとんどが索引となる雑誌タイトルのみ。私は調べものの道しるべとなる「索引フェチ」なので、眺めるだけでもワクワクします。世の中にはどんな雑誌があるのか、それらにはどんな情報が載っているのか、見ておくといいと思います。そこまでできなくても、できるだけ多くの雑誌に目を通しておくのは有効です。

では、『雑誌新聞総かたろぐ』を見ていきましょう。索引はジャンル別です。たとえば、交通に関する雑誌だったら、「ふれあいの窓」[42]「空のワルツ」[43]といったタイトルが並んでいます。正直なところ「何だ、それ？」とびっくりするような、一般の書店では見かけない雑誌がたくさん出ているのを知ることができるのも、この年鑑のおかげです。

41 **『雑誌新聞総かたろぐ』**
国内で発行されている新聞・雑誌をはじめ、すべての定期刊行物を調査収録した年鑑。書店店頭などでは一般販売されていないような刊行物にいたるまで、網羅しているので、希少専門誌を探すときに便利。通信、要覧、ムック本、学芸誌や紀要など、同一タイトルで発行されるものは5年1回刊のようなものまで調査対象としている。メディア・リサーチ・センター刊。

42 **「ふれあいの窓」**
都営交通のPR誌。

43 **「空のワルツ」**
日本女性航空協会（JWAA）機関誌。

各学会が出している刊行物も参考になります。これらを眺めていると、まず世の中の森羅万象あらゆることに研究者がいて、学会が存在しているのではないかと思わされます（日本笑い学会、日本マンガ学会……など）。学問の奥深さに改めて気づくわけです。いわゆる雑誌だけでなく、そういった発見も貴重な情報源になります。

■出典も情報のうち――「月刊むし」「月刊総務」を知っていますか？

繰り返しますが、リサーチ報告には、必ず出典を明らかにするのが鉄則です。雑誌の記事からの場合も、もちろんです。

できるプロデューサーはその出典のチェックも厳しいので、出典を明記することもプレゼンのひとつです。

かつて、ある情報バラエティ番組で仕事をしていたときのことでした。ふだん大変厳しいプロデューサーが、出典に目を留めて褒めてくれたことがありました。これは私のことではなくて、褒められたのは若いアシスタントディレクター（ＡＤ）でした。彼が提出したネタそのものはそんなに印象に残るものではなく、私もその内容がどんなものだったか忘れてしまいました。しかし、その出典は23年たったいまも、しっかり覚えています。

彼は出典のところに「月刊むし[44]」と書いていたのです。それがプロデューサーの目に留まり「『月刊むし』なんてあるんですか！」と大変ウケたのです。そのＡＤは、大の虫好きで、特に調べもののスキルが高かったというわけではないのですが、小さいころからずっと「月刊むし」を愛読していたということでした。「月刊むし」というコアな雑誌が存在していることを知っていることで、次回、虫関係の調べものをするときには、その雑誌や編集部を頼ろうということになり

44

【「月刊むし」】
1971年3月創刊、40年以上続いている昆虫専門月刊誌。有限会社むし社発行。図鑑のような解説記事、新種の命名記載や分類・分布・生態などの新知見、国内外の採集紀行など、幅広く深く掘り下げた内容の情報を掲載。筆者は「むし」のロゴが大好き。

ます。ひとつのネタに限らず、多くの情報がそこにあるかもしれないという意識で雑誌を探してみましょう。

このようにニュースソース、出典というのは大事な情報なのです。

近年、私のなかの一番のヒットは「月刊総務」[45]です。総務部が舞台のドラマに関わったときに、総務のことを徹底的に知ろうと思い、見つけたのがこの雑誌でした。当然ですが、この雑誌は本当に総務のことばかりなのです。総務というだけで、こんなにいろいろな角度の切り口があるのかという発見もあり、とてもおもしろい出会いでした。

こんなふうに、専門誌探しは楽しいものです。

■雑誌の殿堂、大宅壮一文庫と六月社

雑誌に関しては、やはり大宅壮一文庫に触れないわけにはいきません。

大宅文庫は、大変優れた雑誌専門の図書館です。メジャーな雑誌のほとんどは収蔵されています。

それらの雑誌の記事ひとつひとつを大宅文庫の担当者が読んで、検索に必要な情報をピックアップし、さらにそれを分類しています。分類される件名の項目数は約七〇〇〇あるといいます。このようにていねいに分類されているので、調べもの初心者にはとても便利です。

近年、運営が厳しいとする報道がありましたが、皆で積極的に活用することで、雑誌文化の殿堂を守れたらと、切に願います。

○大宅壮一文庫[46]

http://www.oya-bunko.or.jp/index.htm

45

【「月刊総務」】

総務のプロや、プロを目指す人のための月刊誌だが、総務と関係ない人が読んでも役に立つ記事満載。ウィズワークス株式会社発行。２０１３年に創刊50周年を迎えた。総務のいまを知る特集記事、実務に役立つノウハウ、知っておきたい総務のトピックなどを提供。公式ホームページもかなり充実している。

雑誌の図書館として、もうひとつ、忘れてはならないのが六月社です。一九八三年以来の約一〇万冊の蔵書がありました。開架式のセルフサービスで、利用しやすいのが魅力でしたが、今年（二〇一八年）の六月、残念ながら閉館してしまいました。ですが、貴重な一〇万冊の雑誌は引き取り先が決まり、新たな利用機会へとつながる模様です。

○六月社[47]

http://www.rokugatsusha.co.jp/

46 **【大宅壮一文庫】**
【所在地】東京都世田谷区八幡山3-10-20

47 **【六月社】**
【所在地】東京都新宿区高田馬場3-8-13
図書館営業終了も、会社は存続。

4「インターネット検索」で差がつく検索語スキル

インターネットとひとことで括っていますが、インターネットの世界には、人物、企業、団体などの公式といわれるホームページがあり、ブログやツイッター[48]（p25参照）のように個人の生の声が書かれたものや掲示板、[49]フェイスブック、[50]インスタグラム、[51]ラインというようなSNS、[53]ほかにもインデックスとしてだけ存在するサイトもあります。

インターネットには、さまざまなレベル、形態の膨大な情報と、それにたどりつくまでの多岐にわたる入口が存在しているということが特徴です。

■「ウィキペディア」は最初に見るべからず

インターネットを使った調べものといえば、まずオンライン百科事典のウィキペディア[54]と考える人も多いでしょう。Google などの検索エンジンにキーワードを打ち込めば、検索結果の上位に表示され、すぐ見つけることができます。ウィキペディアを使えば、だいたいのことはわかると、会議にもウィキペディアのプリントアウトを資料として用意する人もいます。

しかし、私は仕事として調べものをする人には、絶対に「最初にウィキペディアを見るべからず」と話しています。

ウィキペディアは、誰でも記事を編集したり作成できるメディアです。匿名も許されています。編集方針には、「完璧でなくてもよいのです。編集を楽しんでください」と掲げられています。また、「中立的な観点、検証可能性、独自研究は載せないの記事における三方針、並びに著作権など、ウィキペディアの方針とガイドラインに反しないものであるならば、不完全な記事を投稿することも歓迎されるべきです」とも記されています。

しかし、これは言い換えれば、誰が書いたのかわからない記事であるということであり、情報の信頼性は保証されていないということでもあるのです。

裏付けのない誤った情報を思い込みで載せてしまう人や、自分が得になるよう

48
【ブログ】
日記感覚で継続して更新される形式のホームページ。ウェブログ（weblog、「ウェブ上に残される記録」の意）が短縮されブログと称されるようになり、1990年代後半から広まった。

49
【（インターネットの）掲示板】
ビービーエス（BBS）ともいう。インターネットやネットワーク上で不特定多数の利用者が、自由に意見を書き込み、閲覧できるシステム。文字だけでなく画像や動画を投稿できるものもある。

50
【フェイスブック（Facebook）】
アメリカの代表的なSNS。2004年にハーバード大学の学生向けサービスとして始まったが、その後、全米の学生にも開放され、2006年には学生以外も参加できるように。2008年に日本語版も開設。豊富なアプリケーションソフトや、さまざまな情報共有機能を持つ。実名登録を推奨されることが特徴。この性格から、さまざまなビジネスチャンスを生んでいる。

51
【インスタグラム（Instagram）】
スマートフォンなどで撮影したデジタル写真や動画を簡単に共有できるアプリやサービス。2010年に米国でサービスが開始された。写真を加工編集する機能が充実していることで、爆発的な支持を得た。

な記事を書く人がいるかもしれません。実際に単純な誤植も含め、間違った記述も多く見受けられます。ウィキペディアは多彩で親切な情報源ではありますが、完璧な情報源と思っていると思わぬ落とし穴があります。

情報は取り込む順番がとても重要です。特に最初に出会う情報の印象は強烈で、もし誤った情報を最初に刷り込んでしまうと、調べものの戦略を間違った方向に導いてしまうこともあります。そしてその間違った印象を拭い去ることも簡単ではありません。ですから、万が一に備えて、ウィキペディアを最初に見てはいけないのです。

ただし、最初に核となる情報をインプットし、ウィキペディアの特性を理解した上でなら、ウィキペディアはヒントの宝庫として有効に使うことができます。脚注や外部リンクなどから思わぬ収穫があったりします。

52

【ライン（LINE）】

メッセージ交換や音声通話が無料でできるサービス。スマートフォン、タブレット、PCなどで利用できる。2011年からサービス開始。「既読」機能は、災害時のホットラインとしても活用されている。

53

【SNS】

Social Networking Service の略称。インターネットを使って、趣味や職業、居住地域、特定の関心事といった共通項を持つ人同士がコミュニティを構築、情報交換できるようにするサービス。一般的に参加無料。

54

【ウィキペディア】

ユーザーが誰でも自由に執筆、加筆、修正できる、インターネット上の無料百科事典。2001年1月、アメリカのジミー・ウェールズが個人的なプロジェクトとして開始。現在は非営利団体のウィキメディア財団が運営し、世界200以上の言語でプロジェクトが進められている。日本語版は2001年開始。「編集方針」を読んでみることをおすすめする。ウィキペディアという媒体の特徴や、仕組み、運営者の真摯な姿勢などがわかる。

■とりこぼしのない検索語とは？

インターネット上の情報を手に入れるには、Google（p23参照）やYahoo![55]といった検索エンジンを使って、求める情報を見つけ出すことになります。

検索とは、求める情報がストライクで表示されるような完璧な検索語を見つけることだと思っている人が多いようです。自分のイメージから外れた検索結果がダラダラとたくさん表示されるような検索は失敗だと思っているのではないでしょうか。

しかし、じつはこの意識が、怖い落とし穴「情報のとりこぼし」の原因になります。「網羅と分類の原則」を思い出してください。言葉を特定すると、情報は絞られすぎてしまいます。

情報のとりこぼしを防ぐには、表現の幅を見込んだ、特定する一歩手前の状態の言葉を検索語としなければなりません（同義語処理はされているが、まだまだ完璧ではないため）。

先述したように「アジアゾウ」「アフリカゾウ」について知りたかったら（p40参照）、いきなり「アジアゾウ」「アフリカゾウ」ではなく、まずは「ゾウ」で検索してみるのが常套です。

検索における主役は「検索語」（キーワード）です。どれくらい網羅できるかは、どれくらい検索語の言い換えのバリエーションを持っているかに尽きます。

たとえば「いい香りで心身をほぐすリラクゼーションとは？」と問われたら、あなたはどんな言葉を思い浮かべますか。

55

【Yahoo!】

代表的なインターネットポータル（入口）サイト。また、そのサービスを運営する米国の企業。1994年、スタンフォード大学の博士課程で学んでいた学生2人が、大学のコンピュータとネットワークを使いインターネットの電話帳を作りはじめたのが発祥。1996年に日本のソフトバンク株式会社と共同でヤフー株式会社を日本に設立、ヤフー・ジャパンがスタート。

・アロマテラピー[56]
・アロマセラピー[57]
・芳香療法
・アロマ
・バスクリン

などが思いつくと思います。

これらをすべて検索語として検索してみましょう。そうするとバスクリンはともかくとして、アロマテラピー検定などを実施している日本アロマ環境協会のサイトに「アロマテラピーとは」という言葉を定義するページがあります。一方、アロマセラピーを検索してみると、市販の商品やサロン、教室の情報が上位に示されます。

それから読みとれることは、アロマセラピーのほうが目にする機会は多いが、専門家をふくめ従事する人や愛好している人の間では、「アロマテラピー」のほうがよりメジャーな言い方だということです。これもまた検索から得られる情報です。

■書いている人が書きたいことを意識する

インターネットに限らず新聞記事も含め「検索」をする場合すべてにいえること

56

【アロマテラピー】

Aromathérapie（フランス語）。香り、芳《かんば》しきものを意味する「アロマ（aroma）」と、療法を意味する「テラピー（thérapie）」を合成した、芳香療法を表わす言葉。芳香性の植物などから抽出した精油（エッセンシャルオイル）で心身を癒す。古代エジプトに起源を持つとされる。1920年フランスの科学者ルネ・モーリス・ガットフォセが火傷した際、ラベンダー油を患部に塗り完治させたことが精油研究のきっかけとなったといわれ、彼によって1927年「アロマテラピー」の本と言葉が世に出た。

57

【アロマセラピー】

英語 aromatherapy の発音に従うと、アロマセラピーと呼ばれる。

とは、自分が探したいものを探すというより、書いている人が書きたいことを意識してみることが鍵になります。

もちろんいわゆる「表記のゆれ」も考えられるバリエーションを試してみるべきでしょう。ひとつの言葉でも漢字、平仮名、片仮名、英語、略称と表記はいろいろ考えられます。そして、業界用語や隠語のたぐいもあります。

それは趣味の世界でも同様です。好きな有名人のエピソードを知りたいと思ったとき、その人のフルネームだけで探していても、おもしろい情報はなかなか見つからないでしょう。一番コアなファンたちが持っているような、とっておきのエピソードにたどりつくには、その人がファンの間で何と呼ばれているかということを、まずキーワードとして調べるべきなのです。

たとえば、私が好きな香港の大スター、レスリー・チャン[58]に関することを調べるとしたら、

レスリー・チャン
レスリー・チョン
張國榮　…繁体字（おもに香港で使われる）
张国荣　…簡体字（おもに中国本土で使われる）
哥哥　…愛称
Leslie Cheung　…英語表記
レスリー、Leslie　…単独だと雑音のほうが多くなるので、これに「香港」「歌」「映画」などを掛け算します。

このような検索語を用意します。名前ひとつでもこれだけのバリエーションが

58　**【レスリー・チャン】**
香港はもとよりアジアを代表する俳優であり歌手。1956年9月12日生まれ。2003年4月1日没（享年46歳）。写真集や関連書籍も数多く出版された。

思い浮かびます。どの表記を使うかで、情報を得られる範囲が違ってきます。日本語ならば日本国内の情報のみですが、中国語を使えば中国語圏からも情報を得られます。さらに英語圏にまで広げてみるという方法もあります。ここで思いがけない情報に出会えるかもしれません。

とことん知りたいと思ったら、思いつく限りの検索語をすべて検索します。

私は、レスリーについて調べることによって、リサーチテクニックが飛躍的に増えました。あなたも好きな人について調べてみると、テクニックが増えるはずです。

■専門用語の使い方

法律用語や専門用語の場合は、検索語がその情報源の信憑性を判断するのに役立ちます。たとえば、官公庁のリリースやレポートには独特の言い回しや用語が使われています。新しい法律について知りたいとき、検索語に「公布」[59]や「施行日」[60]などという用語を使ってみます。そうすると、きちんとした法律用語を使っている情報が検索結果に現われます。それらは信頼できる情報である可能性が高まります。
ニュースソースをきちんとしたものだけに特定したいときには、その世界のなかでの用語を入れてみる。そうすることによってリサーチのスピードとストライクの度合いがグッと高まるのです。

59
【公布】
法令などを一般国民に公表すること。官報などの政府定期刊行物に掲載され、公布がなければ法令の効力は発生しない。法律の公布までの代表的な流れは、法律案を閣議決定後に国会に提出、国会で可決成立すると閣議を経て天皇の裁可を受け、内閣官房から国立印刷局に正式の原稿が送られ、官報が発行されるという形。

60
【施行日】
しこうび（建築用語の「施工」は「せこう」）。法令の効力を現実に発生させることを施行という。法律は公布の日から起算して満20日を経て施行するのが原則（法例1条1項）。ただし、その法律自体の中で施行期日を定めているものが多く、付則にその施行の日を明記している。

〝作文〟して、検索ワードを明確にする

私はかつて新聞社の有料記事データベース構築の仕事をしていました。それがいまは、データベース利用者の立場になりました。その両方の体験から、検索に有効なキーワードというものが見えてきます。

新聞社勤務当時、新聞記事データベース普及の目的で、初心者向けの講習会の講師をつとめることがありました。どうやったら誰でもうまく情報を引けるようになるのか。それを考えるために、データベースをあまり利用しない初心者の方へ、その理由を調査したことがあります。集計結果は、「自分の目当ての情報がヒットしないから」が圧倒的でした。

この調査でわかったことは、多くの人が固有名詞や一般名詞を単体で検索しているということです。そうすると、いっぺんに何百件も何千件（インターネットの検索エンジンでは事情は異なる）も検索結果が出てきます。しかし、有料記事検索ですから、当然、検索し閲覧した数に応じてお金がかかるので、それを全部見

るわけにはいきません。自分が目星をつけた検索語で「これだ」という記事が見つけられなかったという挫折感に加え、目的の記事にたどりつくまではかなりお金もかかりそうだということが、かつて、なかなか新聞記事データベースの利用が普及しない理由だったのです。

それではどうしたら自分が探しているストライクな記事を検索することができるか。それには「検索語の掛け算」が重要になってきます。

つまり、検索語をひとつだけ入力するのではなく複数入力するのです。固有名詞や一般名詞に、どんなキーワードを掛け算するかで、ヒット率がグンと高まるのです。

ここまでは、大概の方が実践していることでしょう。ですが、注意が必要なのは、掛け算する言葉を間違えると必要な記事までとりこぼしてしまうことです。

求める記事を見つけるコツは、自分で架空の記事を書いてみることです。この方法はインターネット検索でもとても有効な方法です。架空の記事を頭のなかで二、三行書いてみる（p117参照）。そうするとどんな表現（特にどんな形容詞や副詞が当てはまるか）を使うのかということが明確になります。それを名詞に掛けてあげるのです。そうすると、いっぺんにヒット率が高まります。

■フリーワードの性質——「なのに」掛け算

いまやインターネット上での検索エンジンはどんな言葉にも反応します。たとえば「あ」と入力すると、見出しに限らず本文に「あ」を含む膨大な数のサイトが検索結果として上がってきます。

この機能を「特定しすぎない検索語」として大いに利用します。

たとえば、近年「スーパーキッズを探してほしい」というお題をよくいただきます。天才ダンサーとか、大人顔負けのギタリストとか、暗算の達人のちびっこを探してほしいというお題なのですが、こういうときの検索語をどうするかが、一番頭を悩ませるところです。

「スーパーキッズ」

「超人キッズ」
「天才児」
「子供」……

といろいろ思いつきます。それらはいかにもタイトルで打ちそうですが、実際その言葉を使っている記事はそれほど多くありません。

こんなとき、架空の記事を書いてみるのです。あなたの周囲に、すごい特技を持った子がいたとします。どんなふうに説明をするでしょうか。主語はどれにして、どんな表現を使うでしょうか。

「五歳なのにバーベルを持ち上げる」

私がイメージしたスーパーキッズについての架空の記事の一文です。この文章をヒントにして検索語を見つけます。

この文章のなかで、私が一番大事にするキーワードは、「なのに」です。この

「なのに」に、主語のバリエーションを掛けていきます。

「子供」×「なのに」

主語は「子供」にするのか、「男の子」「女の子」「小学生」「ちびっこ」「キッズ」……とバリエーションのとりこぼしがないように、思いつく言葉を全部書き出しておいて、それと「なのに」の掛け算をしていきます。

このように、キーワードになる言葉を選定したら、それに思いつくバリエーションを全部バーッと掛け算します。「五歳」「三歳」などは、その年代の人をぜひともヒットさせたいときには一歳ずつ検索してもそれほど手間ではありません。全然根気のない私ですが、その組み合わせ掛け算の根気だけはあります。

そのときも「特定しすぎない」ということを意識します。

「幼稚園児」としたいところでも「児」までつけてしまうと「幼稚園に通う○○君」と書かれているととりこぼしてしまうので「児」をつけない。特定してしまうとこぼれるものが多いのです。

もっと言うと、「五歳」をキーワードに入れる場合だったら、「歳」と「才」は両バージョン掛け算します。とにかくいろいろ思いつくことをします。

じつは「なのに」を選んだのにはもうひとつ理由があります。「なのに」というのは、いわゆる逆接で、ギャップ[61]を表現するときによく用いられます。このギャップ、テレビ番組を作る人が好きなものなのです。それはテレビの前の視聴者も好き、ということでもあります。みんなギャップが大好きなのです。企画にひねりが欲しいとき、パンチ力が欲しいときはこの「ギャップ逆接」を意識して検索してみてください。思わぬヒントが得られるはずです。

61
【ギャップ】
ギャップの視点で大流行したのが「美人すぎる○○」や「理由《ワケ》あり商品」。

■ブラウザは二つ開く

インターネットの世界は玉石混交とよくいいますが、本当にそのとおりです。インターネットの場合、いま見ているものがすべてだと思うと、大間違いの情報にだまされたり、ふりまわされてしまう危険があります。落とし穴が多すぎます。

たとえば新聞は、記者が書いた記事が紙面になるまでに、多くの人が関わっています。記事は、記者が書き、報道に足り得るのかデスク[62]がチェックし、正しいのか誤っているのかと校閲[63]がチェックし、そして整理部[64]もレイアウトの際に関わります。たくさんの人の目が入って、吟味されたあとの情報なのです。

一方、インターネットは、書き手から直に出されている情報が多い。もちろんそういう情報こそがライブであり、必要な情報とされることもあります。その場合は検証されていない生の情報だとわかった上で、触れていくようにします。

他のソースであってもいえることですが、特にインターネットの場合は、必ず

図6　ブラウザは２つ開く

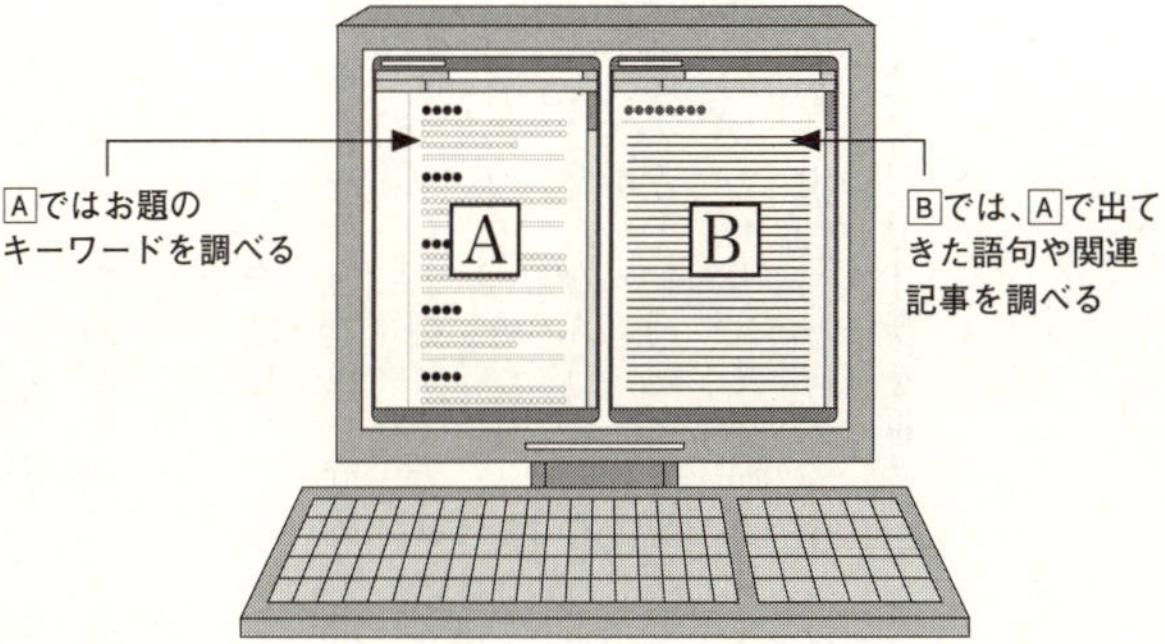

検索を行うとき、ブラウザは２つ開く。Aで気になった語句、人物名、解説、画像などをB で調べると、脱線せずに理解を深めることができる。
例えば、Google Chrome と Firefox の併用。ひとつのブラウザでタブ切替するより一覧性がある。

複数のニュースソースで裏付けをとり（p54参照）、自分のなかの情報地図のどこに置くべき情報なのかを意識することが必要です。

インターネットを情報ツールとして利用するときに、一番てっとり早い検証の方法は、検索を行うブラウザの画面を二つ並べて開くことです。もちろん、タブの切り替えでもOKです。見ているサイトでわからない言葉などがあったら、さっと二つ目のブラウザで調べます。「へえ、おもしろい」と感じる記事があったら、ほかではどんなふうにいわれているのだろうかとか、これよりももっと深い事実はあるのかということをやはり、二つ目のブラウザで調べます。

ひとつのブラウザでその作業をしていくと元のサイトに戻るのが大層面倒だったりします。複数のブラウザを並べて使うと簡単に比較でき、脱線することなく、効率よくリサーチを進めることができますし、理解を深めることにもなります。

62

【(新聞社の) デスク】

新聞社の編集局内勤者で、記事の取材・編集を指図する。紙面の制作実務はデスクを中心に進められる。「デスク」という言葉は、使用する業界ごとで、職務内容や立場に大きな差があるので要注意ワード。

63

【(新聞社の) 校閲】

記事に盛り込まれた情報について、誤字・脱字や精度、誤解を招く表現など、あらゆる視点から目を光らせチェックする作業。原稿を1字ずつ読み、文中に出てくる有名人、地名、駅名、機械の名前など、調べられるものについては何でも調べ、誤りや不備な点を正す。逐語チェックする「校正」に比して、「検討する・調べる」作業要素が強い。

64

【(新聞社の) 整理部】

記者が書いた記事の価値を判断し、紙面にレイアウトする作業を行う部署。どの面にどの記事を入れ、どれくらいの大きさで扱うかを決めた上で、内容を的確に表現した見出しを考え、効果的に配置する。現在はパソコンで入力された原稿を取り込み、専用コンピュータで見出しを作成、画面を見ながら紙面を作る場合が多い。記事をどう料理するか、最終責任も委ねられている。

■いまさら聞けない!? 検索エンジンの基本テクニック

ここでインターネットの検索エンジンを利用するときに使える基本のテクニックをいくつかご紹介しましょう。

検索エンジンは日々便利な機能が加えられています。私のリサーチの原則は「網羅と分類」なので、検索エンジンに情報の特定をしてもらいたいとは思わないのですが、それでも検索結果が膨大で、時間がないときにはこれらの機能を使うことがあります。

○ＡＮＤ検索

名前を知らなくても皆が活用している技、それがＡＮＤ検索です。

二つ以上のキーワードを検索語として入力。キーワードとキーワードの間はスペースを空けるか、「ＡＮＤ」と入力します。

検索エンジンによって多少違いがありますが、基本的にキーワードを追加することによって、それらすべてを含むものが検索結果として現われます。これまでのところで私が「掛け算」といっていたのは、このＡＮＤ検索のことです。

○フレーズ検索

キーワードにスペースがなくても勝手に区切りを入れて検索をする検索エンジン（Google、Yahoo! など）があります。検索結果を増やすための機能なのですが、分割しないでひとつのフレーズとして完全一致させたいときもあります。そのときに便利なのがキーワードを「〝〟（ダブルクォーテーション）」で囲んで検索する方法です。

２０１８年８月９日　→　検索結果に２０１８年だけ、８月だけ、９日だけなどが混じる

〝２０１８年８月９日〟　→　完全に一致したものだけが表示される

○マイナス検索

検索結果から除きたいキーワードに「－（マイナス）」をつけて検索することにより、「－」をつけたキーワードを結果から除外することができます。

たとえば上海万博が開かれているときに「上海」と検索すると、万博の情報ばかり表示されました。「万博」を含まない「上海」のページを見つけるためには、次のように入力します。

上海 －万博

5「対人取材」で差がつく質問テクニック

最後の情報源は「人」です。情報番組からバラエティ番組まで、テレビの世界でもさまざまな専門家の知識が活かされています。専門家を探すことも私たちの重要な仕事です。

対人取材のよいところは、質問ができることです。知りたいことにズバリ答えてもらったり、アドバイスをもらったり、放送する情報の正確性を確認してもらったりなど、いまや番組に欠かせない存在です。

そして専門家はもちろん一般の方も情報源になりえます。特にドラマの脚本作りのためのリサーチとして、登場人物の立場に近い人の話を聞くことが最近は増えてきました。業界のこと、職種のこと、コミュニティのことなど、当事者にしかわからないリアリティやフィーリングを聞き取ることでドラマの脚本や演出に役立てます。

座談会方式での取材もよく行います。座談会といってもざっくばらんに本音を吐き出してもらうのが大事なので、そのようなときには、美味しいものを食べて、お酒を飲みながら、というスタイルです。そうやっていろいろと話を聞いたことが、たとえば台詞の細部に活かされるのです。

■大使館へ協力を仰いだ「イク」「クル」取材

対人取材といえば、今から一〇年以上前のことになりますが、思い出深いお題があります。ある心理学を使ったトークバラエティ番組の取材で、世界のアノときの言葉について調査することになったのです（今の時代では、もはや取材が難しいテーマかもしれません）。

調査ソースを何にするか？　考えた結果、私は国を代表して仕事をしている人に話を聞くことにしました。

そこで各国大使館に電話して「この調査はテレビ番組制作のためではありますが、民族学的、言語学的見地に立った調査です。男女がセックスで絶頂に達するときに発する言葉について調べています。貴国では、イクのか、クル（「イク、クル」というのは、セックスの際に女性が発する言葉を表現する二大バリエーション）のか、他に表現がありますか」という質問をぶつけたのです。

なにしろデリケートな話なので、つとめてアカデミックにアプローチすることを心がけました。電話をかけた当時のスタッフのなかには若い女性もいましたが、「照れてちゃおしまい、毅然とやることが大事だから」と指示して、「あなたたちはその国の代表として、この質問に答える義務があるのです」と先方に迫るくらいの勢いで受話器に向かいました。そういう態度が功を奏したのか、各国大使館の方々も最初は困惑しつつも親切に協力してくれ、そして「イク・クル分布図（p131・図7）」が完成したのです。

どんな姿勢で臨むかということをきちんと決めておくということは、人間相手の取材ではとても重要なことだと思います。

■断られるのは当たり前

対人取材には、これを押さえれば間違いないというセオリーはありません。むしろ戦術をどれぐらいたくさん持つかということが重要になってきます。

ただし、必勝セオリーはありませんが、肝に銘じておくべきことがあります。それは、うまくいかないと思ってやること、断られることが前提だということです。

テレビの取材を受けても、先方にはメリットがあるとは限らないのですから、「ご好意でやっていただくのだ」という感謝の気持ちを忘れず取り組んでいます。取材対象が企業だったりお店だったりするときは、商品が売れたり顧客が増えたりする場合もありますが、「歓迎されるはず」などという甘い気持ちで向き合ったら、成功するものも失敗します。

取材相手の大切な時間を使っている、もしかすると世の中の注目を浴びることで何かの災いが起きるかもしれない、そのひとことがこの人の責任問題に発展す

図7　「イク・クル分布図」

●世界各国の女性たちは、アノ瞬間どんな言葉を発しているのか？

●日本と同じ「行く」を使っているのは――

日本………………「行く！」
アルゼンチン……「行く！」(メボイ)
ブラジル…………「行ってる」(エストオ　インドオ)
インドネシア……「行きたい！」(アク　マウ　プルギ)←願望！
ガーナ……………「行きましょう！」(イエンコ)

●一方、「来る」の国々は――

アメリカ…………「来る」(カモン)←「来る」の代表格！
レバノン…………「来る」(ジウトウ)
イタリア…………「来る」(ヴェンゴ)
イラン……………「来る」(ミヤ)
インド……………「こっち来て」(イデラ　アイエ)

●その他の表現

ロシア……………「終わりそう！」(カンチャーヤ)
ポルトガル………「着いた！」(ジャシェゲイ)
韓国………………「やった？」(サッソ)←なぜか、疑問形！

※2000年当時調べ

るかもしれない……。この取材は、相手のリスクと好意の上に成り立っている、だから断られて当たり前ということを、まず徹底的に自分のなかに持つことが鉄則です。

簡単に言えば、何事もうまくいかなくて当たり前、断られて当たり前ということです。そこでいちいちしょげないし、断られて初めて「うわあ、どうしよう」というようなことにならないように準備をし、心を強くしておくこと。これがセオリーといえばセオリーかもしれません。

■取材で役立つ筆ペンと運だめし

対人取材というのは、文字通り人とのお付き合いですから、相手が一〇〇人いれば一〇〇通りのやり方が存在し、正直なところなかなかシンプルな形でハウツーを伝えるのは難しいのが実情です。やはり経験を重ねること、特に失敗の経験を活かすことが仕事の質を上げてくれるのだと思います。

とはいえ、まずは相手に礼を尽くすことが最善の方法であることは間違いありません。

そのために、私は京都の岡重という老舗で扱っている筆ペン[65]を携帯しています。ご挨拶やお礼やお詫びなど、ここぞというとき、この筆ペンで書くと、大したことは書いていなくても、なにかすごい威力を発揮するときがあるのです。何で書かれていようと一緒だという受け取り方をされる方には効果はないかもしれませんが、そのひと手間に何か意味を汲み取ってくれるような感性を持ってくださる方ですと、気持ちが通じることがあるのです。

ある会社の社長はそういう方でした。大変多忙な方で、それまで何度取材依頼

65

【京都・岡重の筆ペン】

手描き・手染めの色彩技法、京友禅を150年以上にわたり受け継いでいる老舗「岡重」が製造・販売。筆ペン本体には軽く丈夫な合成樹皮を採用、漆塗装を施し重厚感のある仕上がり。穂先は合成樹脂でできていて、一本一本の毛先まで細く処理されているため、ほどよい弾力性としなやかさ、抜群の書き味を誇る。ペンと布袋を自由に組み合わせられる。

の電話をしても間が悪く、直接話ができない状態ですこし焦っていたとき、「いまなら社長に、こういう依頼が来ていると見せられます」と秘書の方から連絡をもらいました。そのとき私は出先にいて、周りにきちんとした紙もなく、もちろん便箋もありませんでした。あったのは資料の裏紙だけ。ここにただのペンで書けば間に合わせの走り書きとバレてしまいます。そこで、その裏紙に筆ペンで「お願い申し上げます」と依頼状を書いてFAXで送りました。依頼といっても、その時点では詳細もまだきちんと決まっていなくて、大した中身は書いていないのですが、それを急いで送ったのでした。

先方はとても慎重な方で、すべての取材依頼に応えてくださるというわけではなかったのですが、毛筆の依頼状がおもしろいと思ってくださったのか、その後ご本人から直接電話がかかってきました。筆文字で「もしお気に留まることがありましたら、こちらにお電話ください」と電話番号を書いたことが功を奏したのだと思います。恐るべし、筆ペン効果です。

私は仕事の上で、経験と同じくらい、じつは運を大事にしています。その効果が如実に現われるのが「取材アレンジ」です。

取材アレンジとは、専門家や取材対象者など、この人は、と思う人を探し出して協力を承諾してもらったり、お店や施設など、ロケ先のセッティングをすることで、とてもデリケートな仕事です。取材アレンジはやらないというリサーチャーさんもいるほどです。

その取材アレンジというのが、運がいい日と悪い日で成果に差が出るのです。理屈ではなくて、運のいい日は何をやってもうまくいくし、運の悪い日は何をやってもうまくいかない。だから、取材アレンジを運の悪い日にやらないということを鉄則にしています。運の悪い日に連絡を次々してみても、次々に断られて、せっかく集めた取材先のリストをすべて潰すことになってしまうからです。

大事なお願いをしなければいけないときは、その日の運の良し悪しを見るために、最初に当たり障りのないところで試します。依頼する電話でなくても、誰かに電話してみて一回で相手が出たら幸先のいい日、留守電になったら、その日は大事な依頼電話はしない日ということにしています。

偶然だ、気のせいだと片付けるのは簡単ですが、そういうことを大事にしていると、普通は会えない人にも会えたりするのだと思うのです。

■電話取材での質問のコツ――知っておきたい二つの質問

取材は直接会って、話をすることができれば一番いいのですが、時間や場所の関係から電話で済ませなければならないこともあります。一度でも会ったことがある人ならまだいいのですが、番組リサーチをしているといきなり電話をかけて取材しなくてはならないことも、日常茶飯事です。

電話取材で使える質問のコツをご紹介しましょう。

○スケールクエスチョン……取材に適している相手かどうかを見極める

そもそも、いま話している相手は取材するべき相手なのか。取材を申し込む前の段階でよく調べることが大前提ですが、うかがいたいことがピンポイントになればなるほど判断は難しいのが実情です。

特に研究者の場合は、研究対象が変わっていることもよくあります。ですからそのことは慎重に確認しなければなりません。実際、その人に聞くことそのものが大間違いということがあるのです。そのために相手の情報レベルを測るリトマス試験紙的な質問を用意しておきましょう。これがスケールクエスチョンです。

自分自身が把握している定義の事柄、ごく簡単なことなどを、たとえばまず、「マネーロンダリングってどういうことですか」などと質問し、説明してもらいます。これでわかることは、そのことにどのくらいリアルタイムで接しているか、詳しいか、その質問をぶつけるべき相手なのか、ということです。

専門家への電話取材であれば、話が進んできたところで、新説や異説についての質問を投げてみます。たとえば「タックスヘイブン」[66]について専門家に取材をした際、

「いま現在、タックスヘイブンである国は、たとえばどこでしょうか？」

という質問をスケールクエスチョンとして投げかけました。

タックスヘイブンは、租税回避地という訳語があり、税制が優遇されている地域のことで、買い物天国ともいわれるところです。その一方でマネーロンダリン

グ（資金洗浄）の温床となって犯罪やテロを助長しているという側面もあります。また、世界経済の動向と連動して、敏感に活用されます。そのため、ホットな地域がコロコロと変わります。

ですから、先述の質問に対して、現状解説なしに、紋切り型の国名、地域名を挙げる人は、たとえ国際金融の専門家であったとしてもタックスヘイブンに関しては、最新の情報に触れていないため、取材対象者には適さないということがわかります。

また質問に対する見解で、その人がその分野でどういうスタンスをとっているかを察することもできます。たとえば、保守タイプであるか、先端を行くタイプであるか、などです。そこからあなたの欲しい情報を提供してくれるタイプであるかを判断することができます。

テレビでいうと、先端の科学技術を紹介する番組で、まだ完全に検証はできていないけれどこういう可能性がある、理論上は考えられると言ってくれる科学者の意見を聞きたい場合があります。このようなときに、「まだ認められている説ではない」という慎重なタイプにいくらぶつかっても、欲しいコメントはもらえません。会話のなかでそういうフィーリングをつかんでいくことも大事です。
ただこのような会話をするにも、あなたのなかに核となる基礎情報がしっかりないとできません。準備をした上で臨むことが成功の秘訣なのは、いうまでもありません。

スケールクエスチョンの考え方は、対人取材に限らず、書籍を選ぶとき、ブックマークするべきサイト、ブログ、レビュアー、つぶやきを探すときも役に立ち

66

【タックスヘイブン】

外国企業に対し税制上の優遇措置を与える国、または地域。バミューダ諸島、ケイマン諸島、香港、パナマ、ルクセンブルク、スイスなどが代表的であったが、現在は各国税務当局の規制努力で状況が変化している。多国籍企業を中心に盛んに利用されているが、その税制を利用した国際的な脱税や租税回避行為の温床となっているともいわれ、またマフィアなどのマネーロンダリングに利用されているとされ、各国政府も各種の方策を講じて規制に努めている。

ます。

同じテーマの本がずらっと並んでいるとき、ひとつのテーマを基準にそれがどう書かれているのかについてざっと読み比べていけば、自分の欲しい一冊を選べます。知りたいことについて、自分のポイントを決めて情報に接すると、情報の発信者と自分との関係が明確になります。

発信者と自分との関係は、つねに価値観に共感、共鳴する関係だけではなく、あえて対立関係を選んで情報を得ることも、意見の幅を広くしたいときには有効です。

指針を定めて情報に接することは、漠然と接するより、自分のスタンスを明確にしてくれます。

○大きな質問ではなく、具体的な質問を……それは答えやすい内容か？

とても基本的なことですが、答えやすい質問をすることも忘れてはならないことだと思います。これは電話取材に限らず、対面取材でも、アンケートの設問を作るときでも、クライアントからニーズを聞きとるときでもいえることだと思います。

私は、あるクイズ番組に携わっていたときに、よく問題を作るための取材をしていました。取材相手は、職人さんであったり、農家の方であったり、取材に慣れているわけではない人たちです。

たとえば、江戸切子[67]の職人さんのところに、質問のネタ探しの取材に行ったことがありました。

67

【江戸切子】

切子とは、ガラス器に施された模様のこと。いつ伝来したかは明確ではないが、わが国では1834（天保5）年に江戸大伝馬町のビードロ屋加賀屋久兵衛が、金剛砂を用いてガラスを彫刻したのが始まりと伝えられている。素材は透明なガラスと色被硝子でも色を薄く被せたものがあり、カットは深く鮮明で正確であり仕上がりがはっきりとして華やか。典型的な魚子《なな こ》模様の他、籠目・麻の葉・菊・格子切子などの模様が用いられる。

そこで「お仕事のなかで、何かおもしろいこととか変わったこととかはないですか」という質問をしたとします。そんなことを聞かれても、職人さんは毎日普通のことをやっているのだから九分九厘、「いやー、いたって普通です。特に何もありませんよ」という答えが返ってくるでしょう。つまり「何かおもしろいことはないですか」という質問は、何も得られない最悪の問いかけということになります。

私はそういうときは、「お仕事の工程を聞かせてください」というふうに、まずはその人の仕事をなぞることから始めます。

相手の話を聞きながら、知らない言葉が出てきたり、疑問に思う単語が出てきたりしたら、質問をはさみます。

工程が頭に入ったら、それにまつわる技術についてなど、より具体的に質問していきます。たとえば、こんな感じです。

「江戸切子は鋭角にパシッときれいな切断面が見えていて、それが模様をなしているところが魅力だと思うのですけれど、一体どんな道具を使うとこんなきれいな断面になるのですか？」

「たとえば水とか、そういう変わったものを使っている例はありませんか？」

このように、どういうタイプの情報を欲しがっているのかなど、その具体的な例を必ずくっつけて聞いてみると、相手はとても答えやすくなります。

自分の欲しい情報はどうやったら引き出せるのか。特に電話はトークだけが頼りですから、自分のなかでより具体的にシミュレーション、リハーサルを行うことが取材成功のポイントでしょう。

というくだりでした。

この本の説では、女性はこの姿勢で腋の下にある臭腺から男性を誘う「におい物質」を出しているともいわれているそうで、著者で人間行動学者のカール・グラマー博士は「男は女の、腋の下のプレゼンテーションに惹かれる」という仮説を立て、この理論を実験によって立証しています。

これを読むと、なかなか説得力ある理論で、現在はともかく、だから一昔前のセクシーなグラビアではみな揃ってあのポーズをしていたのかと「なるほど！」と思うわけです。

雑学本や科学読み物は、難解な研究や論文の内容をおもしろいキャッチや表現で非常にわかりやすく、読者に提供してくれるのですが、著者の解釈が加えられていたり、肝となる部分が省略されていたり、本来の実験目的が歪曲されていたりする場合があります。私たちリサーチャーは、このような孫引き情報に当たるとき、そのような改変が行われていないか厳しいチェックの目を光らせて読みます。どちらにしても裏取りや検証は必ず行うので、直接原典となる専門書に当たるほうが早いのです。

難解な論文や研究報告のなかにひそむ、とっておきのネタのたねを探すのもまた楽しい作業です。

68 **【つり橋効果】**

カナダ、ブリティッシュコロンビア大学のドナルド・ダットンとアーサー・アロンが1974年に発表した学説。

COLUMN

テレビリサーチの現場から 2

「腋の下のプレゼンテーション」!?

恋愛をテーマにした情報バラエティ番組では、科学的なリサーチに取り組みました。

そのときの私のリサーチ方針は、恋愛というやわらかいテーマだからこそ、真逆のカッチリとした情報源に当たるということでした。カッチリとした情報とは、専門の研究機関や研究者が発表した論文といったアカデミックな情報のことです。

そこでまずは都内大型書店の科学と心理学の棚を片っ端からハシゴしました。そこで二冊の本に巡り合ったのです。

一冊は『対人社会心理学　重要研究集2　～対人魅力と対人欲求の心理』(斉藤勇、古屋健、稲松信雄、高田利武、川名好裕著。1987年、誠信書房)というもので、私たちが当たり前と思っている行動をいちいちていねいに仮説を立て、実験し検証した論文が掲載されています。巷でよく聞かれる「つり橋効果[68]」の理論のもとになった実験の概要も収められています。

もう一冊は生物行動学について書かれた『愛の解剖学』(1993年。翻訳書は97年、紀伊國屋書店)という翻訳書です。やわらかいタイトルがついていますが、男女の愛をめぐる謎の究明のためにドイツのマックス・プランク研究所で行われた大規模な調査と実験のプロジェクトリーダーが書いた本です。

このなかで私が「なるほど」と思ったのは、昔からマリリン・モンローに代表されるセクシーなグラビア美女たちのお決まりの「腋の下を見せる」ポーズは女性が肉体を誇示する性的な信号だ

3章

集めた資料を「情報」に変える

――相手に伝わる「報告書」と、必勝「プレゼン」術

役立つ情報に仕立てる「分類力」

五つの基本ソース（p62参照）から、「これは」という情報をたくさん集めても、それだけではリサーチ完了とはいえません。やっと「網羅」の段階が終わったところです。

肝心なのはむしろこの先、ただの情報を精査し、整えて、役に立つ情報に加工していく「分類」のパートです。せっかく集めた情報を、活かすも殺すもこの分類しだいなのです。

役に立つ情報とは、どんなものなのか。繰り返しになりますが、それは「出先」を意識して構成された情報です。出先とは、あなたのリサーチ報告を活用する目的（私の場合は番組作り）です。クライアント、上司、他部門、もっと大きく考えれば、その情報をもとに作られる商品やサービスのお客様など、受け取る側の人間のことです。受け取りやすく、理解されやすい情報提供をしなければ、あなたの集めた情報は活用されず、何の意味も成しません。つまりヒットを生み出す情報にはならないのです。

集めただけでは「役に立つ情報」にはならない。でも、難しく考えることはありません。せっかく調べたのだから、読みやすく、人と違う報告書を作りたいと思うことは、自然なことだからです。

自分で作った報告書を、中身のことを何も知らない他人になってもう一回読んでみるという「自分ツッコミ」の作業を必ず加えるだけで、その出来栄えは見違えます。

誰でも、自分が作ったものの不備は、見つけにくいものなのです。ですから、推敲などという大げさなことでなくて、第三者の気持ちでツッコミを入れながら、読んでいく。すると、この順序だとわかりにくいとか、これだと説明が足りないということがわかってきます。「役に立つ情報」とは、テクニックやコツというよりも、そういった親切心が作るものだと私は考えています。

情報を使う人のことを考え、喜ばせることを意識することで、よりよい報告書ができ、よりよいプレゼンテーションができます。仕事におけるリサーチはサービスだと心得ましょう。

■「分類」の基本は、場所作り――収納先は七つ

集めた大量の情報をどうさばいていくか。

新人リサーチャーが、自分の調べた情報に溺れているのをよく見かけます。五つのソースから集めた情報、コピーやプリントアウトした分厚い紙の束を前に、これを一体どうしたものかと茫然としている状態です。

それらをどうすればいいか。考え方はこうです。分類とは、あるべき場所に収納していくことなので、まずその収納先を用意するのです。

テレビ番組のリサーチの場合、情報は次の七つに大きく分類できると思っていいでしょう。

1. 定義

2. 具体例
3. 歴史
4. 最新情報
5. 達人
6. 解説者
7. 雑学トピックス

これらの分類タイトルを念頭に置き、まず集めた資料を一枚一枚読みながら見出しをつけていきます。小学生のころ、国語の授業で「ここからここまでの段落の小見出しをつけなさい」という練習問題がよくありましたけれど、ここでもあの小見出し方式がとても有効です。

そして資料を読みながら、「これは」と思う箇所をマークします。この一行だけが必要という場合もあります。たとえばタレントさんのエピソードを探していて、すごく印象的なひとことがあったら、そのときはその一行を書き出したり、ラインを引いたりしてまとめておきます。コピーする際は、出典情報も忘れないように添付します。

具体的な例で見ていきましょう。

近年よくいただくお題に「パワースポット」があります。これを単純にGoogleで検索してみると、ざっと八〇〇〇万件がヒットします。たくさんの人が興味を持っているトピックだといえるでしょう。セオリーどおり五つのソースから情報を集め、分類していきます（図8）。

こうして情報を分解し、分類タイトルごとに塊にすることで、シンプルに考えることができます。図のように、並んだ見出しを見ていくと、情報がたくさん集まっているところ、薄いところがわかります。その少ないところが、絶対必要なのに足りていないのか、合理的な理由があって少ないのかを考えてみます。

不足があれば網羅できていないということです。ですから、その部分を再度収集します。

図8　資料の情報を分類する

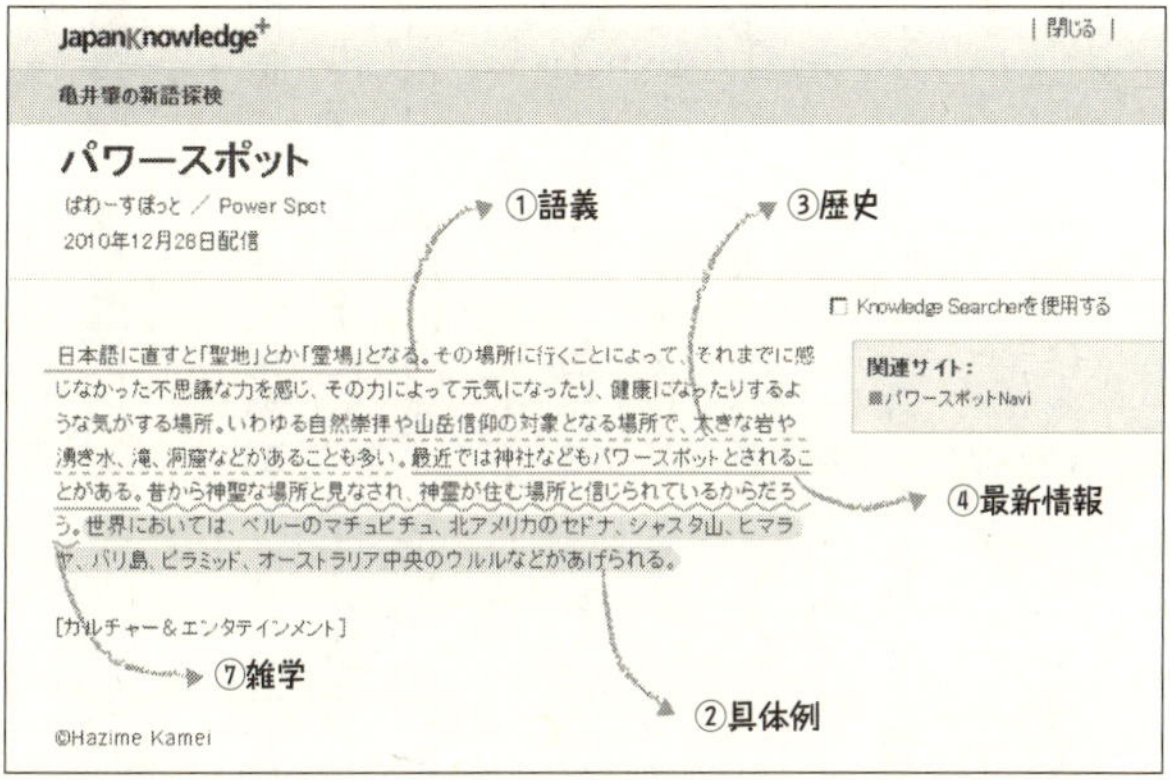

「ジャパンナレッジ」の「亀井肇の新語探検」より

分類タイトル　パワースポットとは

1. パワースポットとは（定義・語義）
2. パワースポットの具体例
3. パワースポットの歴史
4. パワースポットの最新情報
5. パワースポットの達人 ………………………… 別ソースから
6. パワースポットの解説・研究者 ……………… 別ソースから
7. パワースポットの雑学トピックス

資料（この場合はWeb）から情報を7つの項目に分類。この作業をさまざまなソースで繰り返す。

■情報の取捨選択は「フィット&パワー」で

情報をたくさん集めてもそれら全部が使えるものとは限りません。ここでもまた「出先」を踏まえて、使える情報を出さなければなりません。

情報の取捨選択の基準というものをわかりやすくいうと、「フィット」と「パワー」であるといえるでしょう。

フィットとは、どれぐらいお題にきちんと沿えているか、備えていなければならない条件を全部クリアしたかということです。ストライクと言い換えてもいいかもしれません。

一方、理屈なしに、あれこれ考える前に、おもしろいと強く感じるものを「パワーがある」という言い方をします。私にはそういう情報は自らが「カモン！」とか、「私を選んで」と言っているように感じられます。これはなかなか言葉で説明してもわかりにくいので、事例を示します。

パワーのある情報例
・コアラ、意外に凶暴[69]
・雨が降るとくしゃみをするサル[70]
・男装するキツネザルのメス[71]

どうでしょうか。見出しを見ただけで吹いてしまうとか、「何それ？　知りたい」

69 **【コアラ、意外に凶暴】**
夜行性動物で昼間は寝ていることがほとんど。ゆっくりした動作が愛らしいが、見かけよりも毛が硬く、鋭い爪を持つ。動物園で撮影された映像によると、眠りを邪魔されたコアラが見かけとはまるで違う恐ろしい声で相手を威嚇していた。

70 **【雨が降るとくしゃみをするサル】**
ミャンマー北部の森で、上向きの鼻が特徴の新種のサルが発見された。このサルは雨の中で追跡できる場合が多い。鼻が上向きのため雨水が鼻孔に入って「くしゃみ」をしやすいのだという。

い！」と思われる情報ではないでしょうか。

場合によっては、条件にフィットしなくても提案したくなる情報もあります。テレビ番組の場合、フィットよりパワーが優先されることが多いからです。完全にフィットしていなくても、パワフルなものならば採用されることもあるので、取捨選択の時点で落とさないでおくということもあります。

そういう判断ができるのも、情報を出先でどう使うのかということを理解しているからです。せっかく集めた情報ですから、杓子定規にならずに、考えすぎずに柔軟に選んでいきましょう。

■明確な5W1Hがおもしろい報告を作る

この仕事を通して発見したことのひとつは、情報に強い人の共通点は、固有名詞にも強い、ということ。つまり、固有名詞を使って話せるようになることは、リサーチャーにとってもとても大切なことなのです。

日頃から固有名詞を意識し、脳内の引き出しにたっぷりストックできたら、次は、それらをどう使っていくかということになってきます。そのとき必要なことは、固有名詞も含めた、これから話そう、書こうということの要素を５Ｗ１Ｈで分解することです。報告書の作成にも大切なポイントです。

５Ｗ１Ｈはご存じの、いつ（When）、誰が（Who）、どこで（Where）、何を（What）、なぜ（Why）、どんなふうに（How）というものです。これらは文章表現や報告、連絡に欠かせない要素で、リサーチ報告にももちろん欠かせません。たとえば、ある会議で私が語ったバタークリームケーキ[72]についての報告。ここには５Ｗ１Ｈが入っているでしょうか。

71 **【男装するキツネザルのメス】**
マダガスカルに生息するアカビタイキツネザルのメスは、若いうちはオスと同じ色になることによって群れにいる攻撃的なメスをだます。理由は年長のメスがオスをめぐる競争を軽減するために若いメスを襲うことがあるため。見かけ上オスのふりをするのは、成長して攻撃に対処できるようになるまでのおおむね生後7～17週間。この男装は進化の結果なのだという。

○バタークリームケーキに行列！

「昭和の日本人のクリスマスや誕生日のケーキ体験のなかで苦い思い出以外の何ものでもないバタークリーム、万人がほぼ苦手であるバタークリーム。そのバタークリームが主役の、濃厚な生ケーキに、いま行列ができている。作っているのは、バター会社エシレ。[73]朝早く行かないと手に入らないという現象が起きています」

いつ（When）＝昭和　クリスマスや誕生日　いま　朝早く
誰が（Who）＝日本人　エシレ
どこで（Where）＝欠
何を（What）＝バタークリーム　生ケーキ
なぜ（Why）＝欠
どんなふうに（How）＝ほぼ嫌い　バタークリームが主役の　手に入らない

この報告には、情報がいっぱい入っているように見えて、じつは「どこで」「なぜ」という要素が欠けていることがわかります。

「いつ」には、いま、まさにはやっている、そして、品切れのタイミングがいつなのか、ということが入っています。そこにバタークリームケーキの話をもうひとつおもしろくしようとする目的で、バタークリームと昭和の日本人、ひと昔前

72
【バタークリームケーキ】
「バタークリーム」とはバターと泡立てた卵白、砂糖などで作ったクリーム。生クリームに比べて濃厚でクセがあるといわれ、好き嫌いが分かれることが多い。バタークリームでコーティングしたケーキとバラの花飾りは、昭和年代のクリスマスケーキ・バースデーケーキの定番。

73
【エシレ】
フランスの企業。CLS LAITERIE D'ÉCHIRÉ（エシレ酪農協同組合）は、１８９４年に創業。エシレ・バターはフランス中西部ドゥ・セーブル県エシレ村で生産される発酵バター。ＥＵがその土地の伝統的な農産品の保護を目的として、製造地域や原料、製造工程などの規定を満たした商品にのみ付与されるＡＯＰ認定商品。

の話が入っています。

「誰が」というのは、「日本人が」ということになっていますが、もしそこに「意外にも並んでいるのが、男の人なんですよ」という状況があれば、その情報が、また違う色（意味）を持ちます。

さらに現在空欄の「どこで」の情報に、お店のある「丸の内」というのが加われば、「嫌いと言いながら、郷愁の味に誘われたオフィス街のサラリーマンがじつはよく買うんですよ」というなぜ（Why）が見えてくるわけです。

調べるときもこのような情報の断片から、欠けた要素を想像し、仮のストーリーを組み上げて、その仮説の下に探すと、本当にそうだったということがあります。

逆に、「並んでいるのは若い女の子」となれば、そこから追加リサーチで「バタークリームの苦い思い出のことなど知らない若い女の子が先入観なしに飛びついているのだ」というようにまったく違う「なぜ（Why）」になることもあります。そのときのレジュメのリード[74]（前文）は、「バタークリームの苦い記憶がない若い女の子たちが、新鮮なスイーツとして飛びついた」という文章になるわけです。

なぜこのように5W1Hにこだわるかというと、テレビというメディアでは要素がひとつだけの情報は「使えない情報」だからです。テレビでは、ひとつの情報に対して画[75]と尺[76]が必要です。「エシレのバタークリームケーキが人気」だけでは番組は作れないのです。それではどんな要素を付け加えればいいのかを考えたときに、5W1Hという指針があると調べやすくなるし、また、報告しやすく、おもしろくなります。

74 【リード】
（英語：lead）新聞・雑誌などで、見出しの次におかれる、記事の内容を要約した文章。前文。概要文。タイトルのそばにおく導入文。雑誌や新聞独自のもので書籍にはあまり使わない。

75 【（テレビ業界でいう）画】
テレビ番組放送での映像（静止画を含む画像すべて）、または構図をさす。

76 【（テレビ業界でいう）尺】
「作品の長さ」のこと。尺が長い、尺が足りない、尺をオーバーした、などと使う。

この基本は、テレビ業界に限ったことではないはずです。あなたの報告書に、あなたのトークに、5W1Hの要素はきちんとありますか？

■喜多流　キャッチコピー力養成講座

キャッチ[77]の役目は、その本文の情報も読んでみたい、もっと知りたいと思わせることです。特に報告書をじっくり読まない、ざっと目を通すだけのタイプのクライアントの目に留まるためにはパンチ力のあるキャッチが必要です。テレビ業界でなくても、報告する相手が多忙ならば、やはり一見して内容がわかるキャッチは親切だと思います。

しかし、このことを理解しないで付けられたキャッチをよく見かけます。そんな迷惑なキャッチとは、たとえば「シェフの驚くべき工夫」というようなものです。一見無難なよいキャッチのように思えますが、これでは相手の意識に何の爪痕も残しません。じっくり読んでくれる人に向けてのキャッチならばこれでもいいかもしれません。しかし、せっかちなクライアントに必要なのは「玉子焼きにマヨネーズを入れるとふっくら！」「フライパンひとつでケーキができる！」というような具体的な情報であって、「知りたい」「やってみたい」と思わせる引きのあるフレーズなのです。

次頁に事例をあげます。具体例があると、イメージが飛び込んできませんか？

■リサーチ報告書のレイアウト――「余白の美」を意識する

あるプロデューサーが「よいレジュメには余白の美がある」と言ったことがありました。その言葉はそれまで私がまどろっこしく説明して、うちのスタッフに徹底させようとしていたことをひとことで表わしていました。

77

【キャッチ】

キャッチコピー、キャッチワードの略。「キャッチコピー」とは、消費者などの注意を引く広告文、宣伝文を表わすカタカナ語。また、宣伝文句、うたい文句などを「キャッチワード」という。

【例】

無難なキャッチ

「トビヘビ[78]はどのように
〝飛ぶ〟のか」

「パプアニューギニアの
新種：コウモリ」

↓

具体的なキャッチ

「トビヘビ滑空の秘密は
空中S字姿勢」

「パプアニューギニアで
発見されたヨーダ似のコウモリ[79]」

本書で言うレジュメとは、プロローグでもご説明したように、リサーチ報告をまとめた書類のことで、テレビの世界では他にも「ネタ紙」などともいわれています。テレビ番組用のレジュメは一般企業のそれに比べて特殊かもしれませんが、とにかく徹底的におもしろさにこだわり、時間に追われる世界で鍛えられて

78

【飛ぶトビヘビ】

南アジアと東南アジアのジャングルに生息する、体長1メートルほどの滑降術を持つヘビ。空中を100メートル飛んだという記録もある。滑空方法は、まず枝の先まで登り、ぶら下がってアルファベットのJ字の形になる。そして下半身を使って枝からジャンプ。素早く体をS字に曲げ、胴の幅を通常の2倍に広げて丸い体の真ん中をへこませ、C字の形にして空気をとらえる。体を波打たせて方向転換することもできる。主に木の上で生活し、降りてくることはほとんどないと考えられている。

79

【パプアニューギニアのヨーダ似のコウモリ】

管のような鼻を持つ新種の果実食コウモリ。2009年にパプアニューギニアで行われた2回の科学調査で見つかった約200種の生物のうちのひとつ。その容貌から、ネット上で「ヨーダ似」と、話題になった。

きた見やすくわかりやすいフォーマットです。何かのヒントになればと思い、ここにその一例をご紹介しましょう（図9）。

レジュメを作るのが下手な人は、その「余白の美」というものがゼロです。具体的に言うと、私は何が嫌いといって、見出しにも本文にも何の工夫もなく行頭が揃っているレジュメほど嫌いなものはありません。べたっと文章が貼りつけてあるだけのレジュメなど、誰も読もうと思わないでしょう。

行頭が段落ごとにデコボコとなっている、フォントの大きい小さいがある、太字がある、アンダーラインがある、囲みのあるセンテンスがある、図がある、写真がある、イラストがある。これらをどう組み合わせるか。ここに注目してほしいという作り手の意識がガンガン伝わる、読む気にさせるレイアウトが欲しいのです。ビジネスパーソンが作るプレゼン資料にも同じことがいえると思います。

「企画書はＡ４一枚で」というようなこともよくいわれましたが、レジュメも基本的にひとつのトピックをＡ４一枚のスペースで伝えなければなりません。長す

図9　レジュメ（実物）

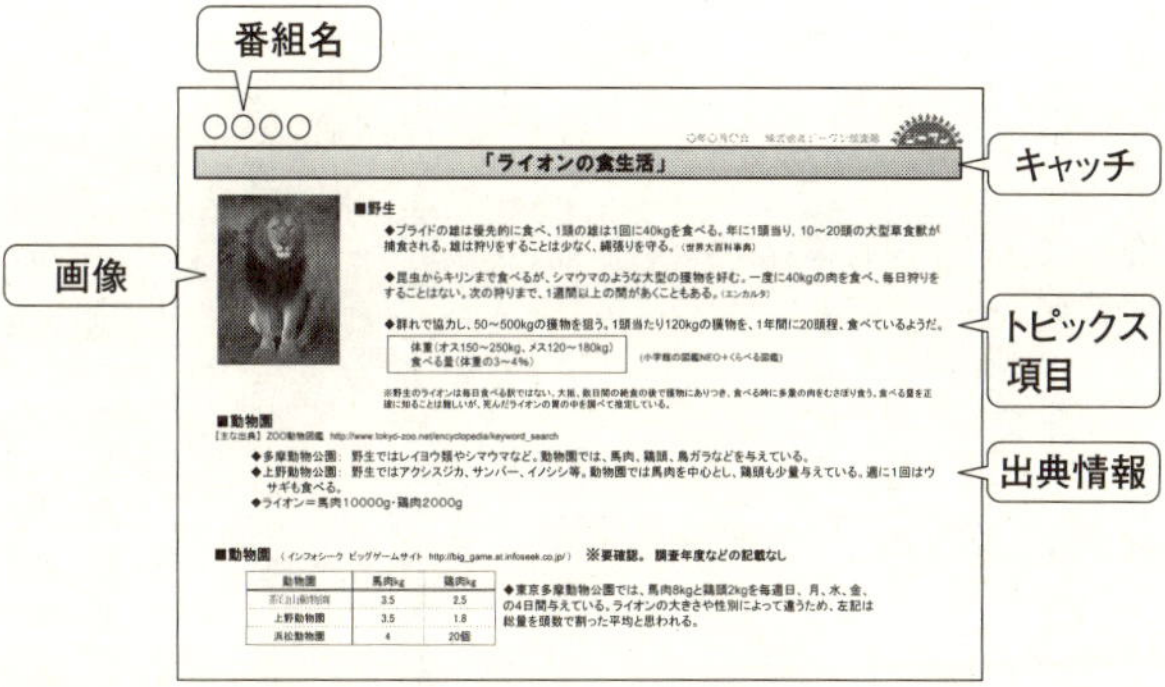

○○○○

「ライオンの食生活」

■野生

◆プライドの雄は優先的に食べ、1頭の雄は1回に40kgを食べる。年に1頭当り、10〜20頭の大型草食獣が捕食される。雄は狩りをすることは少なく、縄張りを守る。（世界大百科事典）

◆昆虫からキリンまで食べるが、シマウマのような大型の獲物を好む。一度に40kgの肉を食べ、毎日狩りをすることはない。次の狩りまで、1週間以上の間があくこともある。（エンカルタ）

◆群れで協力し、50〜500kgの獲物を狙う。1頭当たり120kgの獲物を、1年間に20頭程、食べているようだ。

体重（オス150〜250kg、メス120〜180kg）
食べる量（体重の3〜4%）

※野生のライオンは毎日食べる訳ではない。大抵、数日間の絶食の後で獲物にありつき、食べる時に多量の肉をむさぼり食う。食べる量を正確に知ることは難しいが、死んだライオンの胃の中を調べて推定している。

■動物園
【主な出典】ZOO動物図鑑　http://www.tokyo-zoo.net/encyclopedia/keyword_search

◆多摩動物公園：　野生ではレイヨウ類やシマウマなど。動物園では、馬肉、鶏頭、鳥ガラなどを与えている。
◆上野動物公園：　野生ではアクシスジカ、サンバー、イノシシ等。動物園では馬肉を中心とし、鶏頭も少量与えている。週に1回はウサギも食べる。
◆ライオン＝馬肉10000g・鶏肉2000g

■動物園（インフォシーク ビッグゲームサイト http://big_game.at.infoseek.co.jp/）　※要確認。調査年度などの記載なし

動物園	馬肉kg	鶏肉kg
茶臼山動物園	3.5	2.5
上野動物園	3.5	1.8
浜松動物園	4	20個

◆東京多摩動物公園では、馬肉8kgと鶏頭2kgを毎週日、月、水、金、の4日間与えている。ライオンの大きさや性別によって違うため、左記は総量を頭数で割った平均と思われる。

ズノー社で使っている、レジュメ編集のフォーマットの一例。キャッチの下に、サマリーかリードを置く場合もある。ひと目で情報の魅力を伝える。画像を入れることで「見て」わかるレジュメに。出典情報も忘れずに。

ぎるレジュメは読まれないからです。ですからフォントの大小もアンダーラインも写真も、吟味され、選定される必要があります。飾りだけの意味ではないのです。

まず必要な要素は、キャッチ（p１６２参照）です。キャッチで、その情報の魅力を伝えます。

その下に内容を簡潔にまとめた箇条書きの前文、サマリー[80]かリード（p１６１参照）があるといいと思います。

キャッチ、サマリー、リードの役割とは、ひと目でレジュメの内容を理解させることです。

■レジュメは「読まれない」

つい先日のことなのですが、あるディレクターから「レジュメなんか読まないからさ」と実際に言われ、さすがに驚いたのですが、じつはうちのスタッフには「レジュメは読まれないものと思って作りなさい」と以前からずっと言っています。

実際、テレビのディレクターさんの多くはレジュメを「見て」いますから、「見る」タイプの人たちにも目に留めてもらえるようなレジュメを作りなさいという意味で言っていたのです。とはいえ、まさか本当に言われるとは思ってもみなかったですけれど。

でも、「読まない」と言っているのは、「見もしない」と言っているのではなくて、「見る」のです。だから、見て理解できるレジュメでないといけない。そうだとすると、先述のプロデューサーが言っていた余白の美＝レイアウトというのが、やっぱり大事なのです。

ところが、「見て理解」してもらえるレジュメ作りが苦手な人は多いようです。なぜ苦手かというと、集めた情報を分解できていないからです。

80

【サマリー】
（英語：summary）論文などの要約。概要。

読んでいるこの情報のおもしろいポイントはどこか、今回の使いどころはどこか、そのおもしろさにキャッチをつけるとすると何か……。このように、情報に含まれている事柄を分解し、抽出して見せる。役に立つリサーチとは、最終的にこういった分解作業ができるかどうかに尽きるのだと思います。

■情報を送り出す順番を間違えてはいけない

レジュメの最後の仕上げは、提案報告する順序を吟味することです。

順序の基本は、「オーダーの条件を満たしていて、インパクトが強くておすすめの情報」から、「条件に当てはまるがインパクトの弱い情報」へ、です。

やはり報告の一本目は、相手が喜んでくれるものがいいでしょう。最初というのは、空気感を作るのでとても大事なのです。

情報を取り入れる順序を間違えてはいけないということはすでに述べましたが、同じように発表の順を間違えてはいけないのです。

自分が巡り合った順に情報を並べて、吟味することなく提出してしまう人がいます。これでは、せっかく細心の注意を払って集め、分類した情報の価値を下げてしまいかねません。プレゼンで勝てるはずの情報も勝てません。

巡り合った順序は忘れて、まっさらな気持ちでそれぞれの情報と向き合い、パワーのある情報と条件を満たしているだけのフィット止まりの情報とに分け、パワーのあるほうから並べていきます。後ろへ行くに従ってパワー不足のものが並んで尻すぼみになってさみしいと感じたら、最後尾にパワーのある情報をもってきてもいいかもしれません。クライアントの好み、会議やプレゼンの状況をイメージしてシミュレーションしてみましょう。

必勝プレゼン術
――自分の言いたいことを言ってはいけない

プレゼンや、報告のときにやってはいけないことを数え上げたら、「べからず集」本が一冊書けてしまいそうなくらいありますが、内容に関わること以前に、もったいない失敗をしている人が多いように感じます。

ネガティブなことから話し出したり、相手の問いかけに対して「でも」「しかし」などと逆接で話しはじめる人がいますが、それらはあきらかに相手を不安や不快にさせることです。

一番注意しなくてはいけないのは、相手の質問に答えずに、自分の言いたいことを先にしゃべってしまうということです。質問とずれたことを滔々としゃべる。これを会議でやってしまうと目も当てられません。

なぜこのようなことが起こってしまうのでしょうか。

よくあるパターンは、相手の質問への答えを知りすぎている場合です。答えの内容を熟知しているために、答えを前提にした、その先のことをしゃべってしまうケースです。自分のなかでは質問に答えているつもりなのに、じつは相手の質問にきちんと答えていない悲劇が生まれてしまいます。

たとえば、先に紹介したバタークリームケーキの場合。仮に、クライアントからのお題が、「人気スイーツ店特集を考えたい。いま注目なのは和菓子か？　洋菓子か？」だったとしましょう。その場合、まず答えるべきことは、和菓子か洋菓子か、です。それなのに、いきなりバタークリームケーキの詳細な報告を始めてしまったら、あなたの報告を誰が聞いてくれるでしょう？

プレゼンだけでなく、報告書でも同じです。たとえ、クライアントが出したお題や質問がつまらないものであっても、また期待するだけのボリュームの情報が集まらなかったとしても、まずは相手の依頼への忠実な報告を最初のページに持ってくるべきなのです。

そして、もしリサーチの方向を変えて別のことを提案するのであれば、八方手を尽くしたけれどもだめだったということを、誠実に伝えなければなりません。

その上で、「ですが、がっかりしないでください。こちらのこの方向はどうでしょうか」という代替案を提案する。このプロセスを省いて、代替案にバンと切り替えることはできないのです。

相手の質問にはつねに誠実に真正面から答える。そのあとで、各論に入ったり、自分の言いたい話に持っていったりすればいいのです。

■トークの入口は「はい」「いいえ」

当然のこととはいえ、実際にはなかなか難しいことですが、簡単に実践する方法は、自分のトークの入口に、「はい」と「いいえ」を必ずつけることです。これが一番わかりやすい方法です。こうすることで、必ず相手の質問に対して答えるところから入れます。

「はい」と「いいえ」のどちらを選ぼうかと考える時点で、絶対に相手の質問を頭のなかで反芻《はんすう》しますから。「はい」と「いいえ」がなじまなければ、「そうですね」でもいいのです。相槌のバリエーションはありますが、一度相手の話を受け止める。それからトークを始めるようにすると、質問の内容からブレずに、話を始めることができます。

これは、普段の仕事にも起こりがちです。上司との会話でも、自分の言い分だけを話す人は少なくないと思います。成果が上がっていないときほど、ごまかして自分の知っていることで押し切ろうとしたくなる。そんな気持ちもわかりますが、それでは報告として正しくありません。私はこだわり型なので、もしうちのスタッフがそうやってごまかそうとしたら、絶対に容赦しません。最初の質問に戻って、それができているのかいないのか答えなさい、というところからやり直します。

まず冒頭に相槌を打つ。「はい」か「いいえ」から入り、相手の意向を汲むことであなたの情報や意見を受け入れてもらう素地を作りましょう。

■「おもしろい」と感じた入口の情報を大事に

たくさんの情報を網羅して、分類して再配置する情報地図というリサーチの手法は、どこからかかってこられても対応可能であるところを目指した、無敵の情報処理術です。しかし、ひとつ大きな弱点を抱えています。それは何かというと、興味がつながって情報の連鎖を呼んでしまうことです（ネットサーフィンがいい例です）。

つまり、情報地図に果てがなく、やればやるほど広く深くなってしまいます。長い時間、その情報地図に関わっているとどんどん深く入り込んだ情報ばかりがおもしろくなっていってしまい、その深度を加減せず冒頭からぶつけてしまうと、クライアントに「いきなり深いね」と言われることになってしまいます。

まだクライアントがそこに行き着いていないのに、「おもしろいんですよ、これがね」と自分の興味の向かうまま、入口の情報もそこそこにマニアな情報やコアな情報を披露してしまうのです。

人間には、知らないことを受け止めるための心の準備というものが必要です。そのウォーミングアップがないところにいきなりドンと無理やり大量の情報、もしくは濃い情報を流し込もうとすると、相手の耳や目は閉じられてしまい、飛びきりのおもしろい話も受け止められなくなるかもしれないのです。自分のとっておきのネタを殺してしまうことになるのです。

私はせっかちなので、その失敗をよくやってしまいます。もう隠していられなくて、「早くこれを」と突き付けてしまう。しかしそれが相手の気持ちとフィットしなくて、空回りしてしまうのです。

誰でも多かれ少なかれ、自分で調べものをしていると、おもしろくなってどんどん先へ先へ、奥へ奥へと行ってしまいます。しかしじつは企画の入口のところの「これはおもしろい、続きを聞いてみたい」と思わせる情報をきちんと処理することがプレゼン成功のための大前提だといえるでしょう。焦りは禁物です。

■質問想定力の磨き方

プレゼンや会議の場では、質疑応答が欠かせません。時にはプレゼンの内容よりも、そのほうが重要になることもあります。質問がいつでもどこから飛んできてもズバッと答えられる人間でありたいものです。

あなたが「網羅」と「分類」に取り組んで情報地図が脳内にくっきり描けていたなら、厳しい質問が来たとしても、おそらく難なく乗り切れるでしょう。とはいえ、準備をしておくに越したことはありません。

あるクイズ番組を担当していたときのことです。その番組は博士役の四人の出演者が視聴者の疑問に対しそれぞれの「持論」を披露し、解答者はどの博士の説が正しいかを選ぶというものでした。博士に対して解答者側から質問するコーナーがあり、それを博士がどう切り抜けるかというのが番組の見どころのひとつでした。

博士たちは、スタッフも驚くような自らの知識と素晴らしい機転で乗り切っていくのです。台本にはその助けとなる脚注情報が書き込まれていて、それが博士の役に立つこともありました。

私はその台本の脚注を作る仕事（いうなれば想定問答集）が大好きでした。解答者からの質問が、私の想定した内容そのものだったりすると、博士がうれしそうにスラスラと答える。見事に解答者側をだましおおせると、博士役の俳優さんが収録後に「やりましたね」と声をかけてくださることもありました。

架空の質問を想定して、それに対する架空のもっともらしい解答例を作り上げるのです。人はこういう情報が与えられると、こんな疑問を抱くのではないかというのを毎週考えるのが癖になっていきました。

この経験がいまもプレゼンの場で役立っています。レジュメが完成すると、「このネタを会議の場で出すとここを聞かれるな」というイメージができるので、「だったら聞かれる前にそこも調べておこう」「この材料も揃えておこう」と準備をするようになっています。

このクイズ番組での経験が、思わぬ事態に結びついたことがありました。
歴史を扱う情報バラエティ番組で、なんと私自身が「キタサマ」[81]という役で出て、出演者からの質問にその場で答えるという話が持ち上がったのです。
慌てた私は、画面への登場は私本人ではなく人形にしてもらい、声だけの出演をすることになりましたが、毎回、収録に備えて想定問題集を用意して臨んでいました。その一部をご紹介しましょう。

【台本】歴史上ナンバーワンの剣の達人は宮本武蔵《みやもとむさし》です。

［想定質問］――宮本武蔵を有名にした作品は？
［解答］――吉川英治《よしかわえいじ》『宮本武蔵』　井上雄彦《いのうえたけひこ》『バガボンド』

［想定質問］――武蔵ってどこの人？
［解答］――生誕地には諸説あり。

おもなものは、
①兵庫県太子町《たいし》（播磨《はりま》）
②兵庫県加古川市《かこがわ》（播磨）
③岡山県大原町《おおはら》（作州《さくしゅう》、美作《みまさか》）

【台本】巌流島《がんりゅうじま》の対決が見せ場です。

［想定質問］　巌流島ってどこにあるの？
［解答］　山口県下関《しものせき》にある小島で、本当の名前は船島《ふなしま》。剣術・巌流の創始者、佐々木小次郎《ささきこじろう》と闘ったことから「巌流島」と呼ばれる。

81
【キタサマ】
「タモリ's　ヒストリーX」内にて、収録中に発生した歴史上の疑問点に答えるために生まれたキャラクター。正式には「歴史お局　キタサマ」。

の問題をまっさらの状態で考えながら、思いつく限りの答えの想定を書き込みます。こう聞かれたら、人は何て答えるのか。そう聞かれている答えが本当に答えとして正解なのかと猜疑心のかたまりみたいな気持ちで問題と解答バリエーションに向き合います。そうして準備した解答案を制作スタッフにチェックしてもらって本番に臨みます。

判定をする人間は、答えのバリエーションを体に覚え込ませておかないと、当日、反応ができません。もちろん現場には、答えのバリエーションを全部書き込んだ資料を手元において判定をしていくのですが、やはりそれでも完全な準備というのは難しく、解答者から意外な答えが飛び出し、判断に迷うこともあります。

たとえば、「タイ（国）」というのが正解の問題で、たまたま解答者が年配の方で「シャム」と答えたとします。そのとき「シャム」はタイの古い呼び名だから、おまけで「ピンポン」だということがわかっていなくてはいけない。それとは逆に、「シャム」はその問題にそぐう現在の政治体制ではないので「シャム」では不正解だということとか、そういった判断が瞬時に全部求められるのです。

そのときの判断が、制作スタッフの見解と一致して、初めて、ホッと胸をなで下します。「ピンポン」「ブー」はリサーチャーの基礎知識が試される仕事といえるかもしれません。

COLUMN

テレビリサーチの現場から 3

寿命が縮む「ピンポン」「ブー」

クイズ番組とリサーチャーの関わりといえば、前述したように用意された問題と正解を再確認する「裏取り」があります。

問題に対してその正解が本当に正しいかどうか。そして問題ひとつに正解が百通りあるようではクイズは成立しませんから、一問につき一答になっているかも確認します。

クイズ番組といえば、判定も大事です。解答者の答えが合っているか間違えているか収録現場で判定する、いわゆる「ピンポン」「ブー」です。判定を担当する人物は、番組によってさまざまですが、リサーチャーが担当する場合もあります。

判定を間違えてしまったら、番組が成立しません。真剣勝負ですから、撮り直しもできません。勝敗はもちろん、賞金や商品がかかっているときなど、スタジオ中に緊張感がみなぎっているなかでの仕事です。

「ピンポン」「ブー」は反射神経がすべてです。限られた時間のなかで、解答者の予想もしない答えに対しても、「もしや正解にあたるかも」という判断を瞬時に下さなくてはなりません。

判定をするときには、誰が何を答えるかわからないので、正解のバリエーションをとにかくたくさん用意していなければいけません。ひとつの正解に英語で答えるかもしれないし、略語で答えるかもしれないし、正式名称で答えるかもしれない。それ以外にも似た形容詞だけれども違う表現で言うかもしれません。

「ピンポン」「ブー」の準備は、裏取りの資料をチェックし、そ

4章

仕事の質を上げる！情報に強くなる習慣術

——あなたの情報力はたった一分の会話でわかる

情報力をアップする習慣術

ここまで、プロが実践しているリサーチスキルを紹介してきました。

この章では、あなたの情報力を高めるためのヒントをご紹介したいと思います。

情報は、本、新聞、テレビなど、いわゆる媒体と呼ばれるものに載っているだけではありません。むしろ、世の中に存在する森羅万象すべてが情報であり、媒体に載っている情報はそのうわずみをすくったようなものだと思うのです。

そんな情報だらけの日常を生きているわけですから、意識すれば情報はいつでも自分のものとなります。ですから、日常生活で活かせる情報術は、得るとか、つかむとかではなく、「情報と仲よくする」というような気持ちで接するといいかもしれません。そうするとイザというときに役立ってくれるのです。

私は「お土産」が大好きです。ここでいうお土産とは、旅行先で買うその地方の産物や記念品のことではなく、何かの調べものをしたときに調べていた対象以外に一緒に得る情報のことです。

たとえば、いま私がこの原稿を書きながらつまんでいるみたらし団子。この「みたらし団子」がなぜみたらし団子と呼ばれているのか、起源を調べていくと、京都の下鴨神社の御手洗池[82]や平安時代に起こったとされる「みたらし祭[83]」のことまで知ることができます。この情報もまた脳のなかの引き出しにしまっていきます。

82 **【下鴨神社の御手洗池】**
世界遺産に指定される京都市左京区の下鴨神社（正式名称：賀茂御祖神社）。その御手洗社《みたらしのやしろ》は井戸の上に建つことから別名「井上社《いのうえしゃ》」といい、お社の前には「御手洗池」がある。ここに湧き出す水のアワをイメージして作られたのが「みたらし団子」で、「加茂みたらし茶屋」が発祥の地とされている。

こういった情報のお土産を得られるチャンスは、何も調べものをしているときだけに限りません。日常のどこにでもあります。どんな情報とでも接する機会があったら、状況にとらわれず全部キャッチしておくのです。

■デパートは全フロアを歩く

お店に行くときは、それがたとえウィンドウショッピングであっても、買う物が決まっていたとしても、目的だけさっさとすませて帰るのではもったいない。

私はデパートに行ったら必ず最上階から地下まで見て回ります。実際問題として、すべてを回るのには時間の制約もあるわけですが、駆け足だったとしても、せっかく来ているのだからと思って上から下まで必ず見ます。何が流行《はや》っているのか、売り場の活気や他のお客さんの様子も情報です。地下食品売り場で行列ができていたら、何のための行列なのか確かめずには帰れません。

ご飯を食べに行っても、私はお店の人と話すのが好きです。初めて聞く食材、知らないメニューのことはもちろんすかさず質問しますが、すでによくわかっていることもわざわざ聞いたりします。それは、店員さんの情報レベルを測る意味もありますが、自分のなかにある情報の確認と更新ができるからです。店員さんの説明のなかに新しいボキャブラリーを発見するかもしれませんし、現場の人だから知っている最新情報を得られるかもしれません。脳内アップデートに質問攻撃は、とても有効です。

書店もデパートと同じで、目的の本の書棚の前に一目散には行きません。上階から下階まで、隅から隅まで一周して、各ジャンルの平積みや棚の本をチェックします。そうすると決して全国的なベストセラーではないけれど、この棚担当の書店員さんイチオシの本にも出会えるわけです。気になるものは手にとって目次

83

【みたらし祭】

毎年土用の丑の日の前後4日間に行われ、神池である御手洗池に膝まで足をつけ罪や穢《けが》れを祓《はら》い、無病息災を願う夏祭り。平安期には、貴族は季節の変わり目に禊祓いをし、罪や穢れを祓っていた。

や著者プロフィールに目を通しておきます。またPOPやポスターなどオンライン書店では得ることができない情報も仕入れます。

抱えているお題が一〇ぐらい同時に走っていて時間がないときにも、書店を覗く時間は作ります。新刊書コーナーと書評本コーナーだけをチェックするのが時短テクニックです。その場でペラペラめくりながら判断し、使える資料を買って帰るのです。

頼りにしている書店は、八重洲ブックセンター、[84] MARUZEN&ジュンク堂書店渋谷店。[85] この二つは絶対に回ります。三軒目は、お題によって東京堂書店神保町店[86]かタロー書房[87]から選びます。

荷物を気にせず、カートを押しながら気になる本をそこに放り込み、ゆっくり見て回れるのはとても便利。休憩や読書のための喫茶コーナーがあること、周辺のスイーツ事情が充実しているということも決め手です。八重洲ブックセンターの喫茶スペースのジャムとバターのトーストはとても美味しいですよ。

また最近はブックカフェを利用する機会が増えました。下北沢のRBL CAFE[88]は、クイズ問題を作るために資料として用いられた本が並ぶ、ユニークなカ

84
【八重洲ブックセンター】
ビジネス書や学術書・文芸書など堅実な分野に強い品揃え。全館じっくり見て歩くと、一日仕事となる。合間に中2階の喫茶で休憩をとることをおすすめする。筆者は、トーストセットがお気に入り。
【住所】東京都中央区八重洲2-5-1

85
【MARUZEN&ジュンク堂書店渋谷店】
都内には複数店舗あるが、渋谷店はコンパクトな床面積でありながら、偏りのない豊富な品揃えが特徴。時間はないが、少しでもたくさんの本を見たいときに便利。
【住所】東京都渋谷区道玄坂2-24-1東急百貨店本店7階

86
【東京堂書店神保町店】
明治23年創業の老舗新刊書店。1階の巨大な平積み台の品揃えが名物。ベストセラーからカルト本まで、目利きが光る。
【住所】東京都千代田区神田神保町1-17

87
【タロー書房】
岡本太郎の題字で知られる、日本橋の書店。店舗の設計は、九州新幹線「つばめ」の車両デザインで知られる、水戸岡鋭治氏。落ち着いた空間で、ゆったりと本が選べる。

フェです。

書店には、時間の余裕があるとき、または急に時間ができたときにも行きます。書店の棚は一週間で大きく変わることもあります。特に平積みは日々変わっていくので、どんなに空いても二週間以上空かないように足を運んでいます。

■新聞や雑誌は届いたタイミングで必ず目を通す

新聞や雑誌といった定期刊行物は、届いたタイミングで必ず全部目を通すようにしています。時間がないときは目次や見出しだけでもいいのです。時間ができたら読もうと思っても、そのころには次の雑誌や新聞が積み重なっています。だったら、目次だけでも読んでおくほうがいいのです。そうすれば時間ができたときにどこをゆっくり読めばいいかもわかります。

多くの新聞や雑誌を実際に購入するのは大変かもしれませんが、そんなときも書店でざっと目次などに目を通しておくだけでずいぶん違うはずです。

その雑誌はどんな記事が得意なのか、読者のイメージはどんな感じかということをわかっておくためにも目を通しておけば、お題が来たときに「あの雑誌を見ればいい」となり、リサーチ戦略が立てやすくなります。男性ファッション誌だけど、じつは料理レシピコーナーがあるなどれないとか、女性週刊誌の占いコーナーが泣けるとか、そういう情報は実際に手にとって読んでみないとわかりませんから。

そのときさらっと読んだだけで、記憶しておくつもりはなくても、「あ、おもしろい」と思ったり、「これ、すてき」といった読んだときの印象が残っていれば、脳内には引き出しができています。強烈な印象のタグをつけておきさえすれば、必要になったときにその引き出しはビッと開いてくれるのです。

88

【RBL CAFE】

店名の由来は、「Reference Book Library」の頭字語。レファレンス・ブックとは「参考図書」のことで、知的好奇心をくすぐる図書が並ぶ。ハンドドリップのコーヒーも魅力。

【住所】東京都世田谷区代沢5－32－12

■わからない言葉を放置しない

携帯電話やスマートフォンは、私にとって通話したりメールしたりするだけでなく、重要なリサーチツールです。いまでこそスマホなどもいろいろな機種が出てきて、携帯機器で調べものをするのが当たり前になっていますが、まだみんなが、通話するだけ、メールするだけというような使い方をしている時代から、私は携帯電話に、辞書サイトや新聞記事検索サイトなどたくさんの有料データベースを登録し、活用してきました。

会議中にも携帯電話を使ってガンガン検索をして、そのスピードが速いので「何でそんなにすぐわかるの」「喜多さんの携帯は何か特別なの」などとよく聞かれました。が、他の人の携帯電話との違いは登録サイトの違いだけ。でも、信頼できる情報源をあらかじめ選択して用意してあるということは大きな違いなのです（特に、無料サイトで検索をする際には情報の吟味が必要です）。

信頼できる情報源を選んで使うという点では、携帯電話の検索ポイントも、他の情報ツールと同じです。今ならスマホのアプリも欠かせない情報源です。

私は、言葉の意味がわからないと、もう前に進めません。ですから誰かの報告を聞いていてそこに専門的な用語が出てきたら、その意味を尋ねるのですが、ときどき報告者本人が説明できないことがあります。なぜその理解を飛ばして報告できるのか私には不思議なのですが、とにかく私はわからない言葉があると、一歩も前に進めません。その言葉の意味をどう理解するかで、文脈も、内容も全然違ってくるからです。

もちろん文脈から言葉の意味を推測しますが、わからないままにするのが嫌なのです。どうしてもきちんと知りたいので、会議中であってもすぐに調べられる携帯電話やスマートフォンは欠かせない商売道具です。

わからないままにしておけないのは、仕事に限らずプライベートでも同じで、「何でも気になるんだね」「何でも調べるんだね」と、よく言われています。

食事をしていても、たとえば会話に登場した新語の意味がわからないときなどササッと調べてしまいます。もやもやしたままの状態は我慢できません。

最近は、固有名詞にだんだん弱くなってきている自覚があるので、「あっ」と思うような気になる言葉に遭遇したら、携帯電話やｉＰｈｏｎｅのメモ機能を使って保存したり、自分にメールを山ほど送るというような使い方もしています。

■情報に感情を乗せると、引き出しやすくなる

脳内の引き出しにためた情報をタイミングよく取り出すためのよい方法は、インターネットの検索と同じ、情報に目印となるタグをつけることです。何だか緻密で、面倒そうな作業だと思われるかもしれませんが、そんなことはないのです。難しく考えることはありません。受け取った情報に、感情や感想を乗せるだけでいいのですから。

「へえ」

「おもしろくない」

「すごい」

「これ、知ってる」

「すてき！」

つまり、ただぼんやりと情報を受け取らないで、ひとつひとつすべてに自分のなかの感想で判断を下していくと、脳内の情報にタグがつきます。


これは昭和生まれの人にしか通用しない例かもしれませんが、私は高校生のとき生まれて初めてパスタのカルボナーラ[89]を食べ、「こんな美味しいものが世の中に存在したのか！」というほど、とても感激しました。私のなかにはそれまで、

89
【カルボナーラ】
イタリア語でCarbonara。スパゲティ料理の一種。ベーコン・パルメザンチーズ・生クリーム・卵などを混ぜ、仕上げに黒こしょうをかけパスタにからめる。ベーコンではなく、パンチエッタ（豚のバラ肉を塩漬けにして乾燥熟成させたもの）を使えば、本格的。炭焼き風スパゲティという意味で、黒こしょうが炭の粒のように見えるため、または炭焼き小屋にあった乾燥パスタと貯蔵肉と卵だけで作ったことからなど、由来には諸説ある。

ナポリタン[90]とミートソース[91]しか存在していなかったのですから。初めてのカルボナーラにショックを受けた私は、帰宅早々、カルボナーラについて調べたわけです。まずここで脳内のカルボナーラ情報には、「美味しい」「感激」というタグがつき、ベーコン、卵……といった材料もファイリングされていきます。

そして興味はカルボナーラから他のパスタに移っていきます。他にももっと美味しいパスタがあるかもしれないという感情が興味を引き出すのです。「ソースにはクリーム、トマト、オイル……という分類があるのか」ということがわかると、「次は、どれを食べようか」とか、「クリームじゃないけれど、アマトリチャーナ[92]も食べたいな」と興味がつながっていきます。普通だったら一発では頭に入りそうもない「アマトリチャーナ」という単語も「美味しそう」「食べたい」というタグがつくとさくっと覚えられるのです。

ただし、この方法は、感情がモチベーションになっているので、また別の日に改めて調べてみようと思っても、感激の印象が薄れてしまうと機能しなくなります。調べてみても、興味がつながらず通り一遍のことで終わってしまうことも多いです。ですから、できるだけ情報は熱いうちに調べることが私の習慣になって

90

【ナポリタン】

フランス語でnapolitain、「ナポリの、ナポリ風の」の意。スパゲティ料理の一種。タマネギ・ピーマン・マッシュルーム・ソーセージなどを具材としケチャップで味つける。横浜市のホテルニューグランドが戦後GHQに接収された際、料理長の入江茂忠《いりえしげただ》氏が軍の食事をヒントに考案したといわれる。入江氏はトマトソースを使用したが、当時トマトピューレの入手が難しく、一般に広まる際にはトマトケチャップが利用された。イタリアにはナポリタンと呼ばれる料理は存在しない。

91

【ミートソース】

ひき肉にタマネギ・トマトピューレ・香辛料などを加えて煮込んだソース。ひき肉は、牛または牛と豚の合いびきを用いることが多い。スパゲティやラザニアなどに用いる。

92

【アマトリチャーナ】

イタリア語でamatriciana、「アマトリーチェ風」の意。アマトリーチェはローマ北部、ラツィオ州の町の名で、パスタ料理の一種。グアンチャーレ（豚のほお肉を塩漬けにして乾燥熟成させたもの）、またはパンチェッタとタマネギを具材とし、とうがらしをきかせたトマト味のソースをパスタにからめ、ペコリーノ・ロマーノというチーズをすりおろし和える。ローマの名物料理。

います。

ひとつひとつの情報を適当にスルーしないで受け止めるということは、直接脳にしまうのではなく、まずはハートで受け止めてということなのかもしれません。

■しつこいようですが、固有名詞で話している？　伝えている？

無意識にあなたが話している内容で、一分も会話をしないうちに、あなたの情報力のレベルは相手に伝わっています。

昨夜見たドラマのこと、最近試したお菓子の新商品のことなど、何気ない会話でも話していて楽しい人、盛り上がる人とそうでない人がいると思います。その分かれ目は、固有名詞で話しているかどうかという点です。情報レベルが高い人は、固有名詞に強い人なのです。

うちのスタッフには、特に一般名詞でしゃべらずに固有名詞で話せということをよく言います。それがリサーチャーの語りの基本だからです。

たとえば、スタッフたちに、「何を食べたい？」と聞いたときに、「パスタ」などと答えようものなら、「何でカルボナーラって言えないの！」「ペペロンチーノ[93]って言えないの！」と、たわいない会話だったのに、ダメ出しが発動されます。日頃から油断は禁物です。

なぜ固有名詞で話すことが必要なのかというと、ぼんやりとした一般名詞で語るより固有名詞がたくさん出てくるほうが聞いている相手に鮮やかなイメージを与えられるからです。それは話の信憑性を増すことにもつながりますし、何より楽しい会話になります。

何気ない会話でも、「好きな飲み物は？」と聞いたときに「紅茶」と返される

93 【ペペロンチーノ】
イタリア語で peperoncino、「とうがらし」の意。スパゲティ料理の一種。にんにく・とうがらしをオリーブオイルで炒め、ゆでたスパゲティと和えたもの。

のと「アールグレイ」と返されるのとでは違います。そこから「私も好き」と紅茶談義が盛り上がるかもしれないし、アールグレイに合うスイーツについて話が広がるかもしれない。あるいは、ミルクを投入するか否かの議論が繰り広げられるかもしれないのです。

それはリサーチ報告でも同じです。固有名詞のない報告書は、イメージを刺激することなくクリエイティブのスイッチを押すことはありません。そのためにも、日頃から固有名詞を取り込み、使う訓練が必要です。

自分の会話を思い出して、どれくらい固有名詞を使っているかをチェックしてみましょう。家族や友人に客観的な意見を聞いてみるのもおもしろいと思います。子どもっぽい印象や自己中心的な印象を与えていたら、それは固有名詞の不足が原因かもしれません。先に例にあげた「何を食べたい？」「パスタ」という答えは、典型的な子どもっぽい会話なのです。

訓練の仕方といっても、会話のなかに固有名詞を盛り込むよう心がけることしかありません。とにかくそうやってしゃべる癖をつけていくと、脳のなかの引き出しの構造が変わってきます。そうすると考え方も変わり、しゃべり方も書くものも変わってきます。そして自分の周囲の固有名詞が気になるようになります。

食事に行ったら料理の名前、飲み物の種類、お店の名前、場所の地名がインプットされ、映画を観れば、タイトルはもちろん監督や俳優の名前がインプットされます。固有名詞を使いこなしていくと、観察力、描写力もついてきます。インプットされると人に話したくなるからです。

たとえば、どのハーブティーがいいかという会話をするとします。

「ハーブティーの王道といえば？」

「リラックスするならやっぱりカモミールティー[94]でしょう」

「飲みやすいレモングラス[95]もリラックス効果が高いみたい」

「ハイビスカス[96]の酸味も疲れているときにいいですね」

「ハイビスカスはビタミンCがたっぷりだよね。でもローズヒップ[97]のほうが好き」

「酸っぱすぎるのは苦手。ペパーミント[98]くらい後味さわやかならいいよ」

「違う違う、どうせ飲むなら全部ブレンドしたのを飲んでおかなきゃ。○○のブレンドは最高」

「それ、美味しい？」

というしゃべりができる人がテレビで成功する人であり、おそらく魅力的な営業トークや興味を引き付けるプレゼンができる人なのだろうと思います。

94
【カモミールティー】

キク科のカモマイルの花を乾燥して茶のようにしたもの。甘いりんごの香りがするハーブティーの定番。イライラを鎮め、身体を温め、風邪の初期には発汗作用を促し熱を下げるといわれている。ピーターラビットの童話のなかにも、風邪を引いたピーターに対し、ママがカモミールティーを作る場面が登場する。

95

【レモングラス】

レモングラスはイネ科の多年草で、体の熱を冷まし、消化を助け、疲労回復にも役立つといわれている。レモングラスティーは爽やかで優しいレモンの風味が特徴。ホットのレモングラスティーは発汗作用があり、飲んだ後、涼しく感じる。

96

【ハイビスカス】

園芸用ではなく、ハイビスカスティーにする場合は、「ローゼル」という品種を用いる。アオイ科の1年草。ローゼルにはクエン酸のほか、ビタミンC、リンゴ酸、アミノ酸などミネラルが豊富で、特にクエン酸は多く含まれ、疲労回復や健康維持に優れ、風邪の引き始めなどに効果があるといわれている。煮出すときれいな赤味の強いピンク色になる。

97

【ローズヒップ】

野バラの果実で、ヨーロッパでは古くからジャム・ゼリー・ティーなどに利用されている。ビタミンCが豊富で、美肌や健康に役立つとの評判がある。ローズヒップをティーにすると、やさしいオレンジ色になり、ほんのり甘くほんのり酸っぱい味が楽しめる。

98

【ペパーミント】

消化促進と腸内ガスを減らす作用があり、ハーブティーにして飲むと美味しく効果的といわれているミント。ペパーミントは、シソ科のペパーミントの花や葉を乾燥して茶としたもので、殺菌・抗ウイルス・発汗作用があることが知られている。ティーにすると、ハッカのよい香りと爽快さ、軽い甘みが楽しめる。

プロの情報整理術——ノートとメモの作り方

会議や打ち合わせも忘れてはいけない情報の源です。会議中は人の話を聞き、自分も意見を述べますが、その間にも脳内では思わぬ発想が生まれています。他にも場の空気を読んだり、時間を気にしたりと、会議中は考えることがいっぱい。日常のこととはいえ、会議に参加しつつ、議事録やメモを上手に取ることは、それほど簡単ではありません。

私も連日会議のハシゴ状態なので、なりゆきをすべて覚えておくことはできません。会議から戻ったら、スタッフに即指示を出すこともあるので、お題を受け取りながら調べもの戦略を立てるなんてこともしばしばのフル回転状態です。後から会議の様子を正確に反芻するためには、メモや議事録はとても重要な存在になります。

会議用のメモには二種類あります。

ひとつは出席者に会議内容の確認の意味を含め、書記担当者が作成するオフィシャルな議事録。会議の欠席者にも送られるものでもあり、会議全体の流れ、テーマ、発言者、決定事項がわかるようになっています。

そして、もうひとつは出席者が独自に作る自分用のメモです。

自分が書記の役目になったときと自分のメモとはまったく別のものです。まずは自分用の覚書のメモということで考えてみましょう。

■議事録や取材ノートも、即ＴＯＤＯリストにするコツ

私のメモは、会議の記録がそのままスタッフへの指示出しリストになっていて、同時に自分のためのＴＯＤＯリストとしても使えるようなノートの取り方をしているのが特徴です。

ホワイトボードに書記の人が書く「まとめ」をそのまま写すということはやりません。これは書記をしている人がポイントのずれたことを書いていたら一巻の

終わりだからです。また議事録が後から送られてくる場合、それを写すような内容であれば、ムダな手間になります。

私の場合、メモのメインはキーワードの羅列です。あとから思い出すために、たとえば、動物の生態をＣＧをふんだんに使って科学的に解説するという番組の企画会議でのメモの場合では、「スピード」「肺の大きさ」「研究者」「ハイテク」「画像」といった短い言葉のキーワードが並んでいます。そこに、その会議のなかで大事な、忘れてはいけないキーワードや印象的なこと、そのときどきの感情をぶらさげていきます。まさにツイッターに似ています。会議中の脳内のつぶやきをメモしている感じです。

当然読み返すために作るメモですが、この時点で、「東大合格生のノート」[99]のような整ったかたちには全然なっていません。キーワードをバンバン書き、さらに大事と思ったらグルグルと言葉を囲んだり、ペンの色を変えたりして自由に感情を乗せていくのです。

つぶやきというのは何かというと、キーワードに結びつく方法論や戦略のメモです。どういうアプローチにしていったらいいのか、自分の気持ちを一緒に書い

図10　私のメモはキーワードの羅列

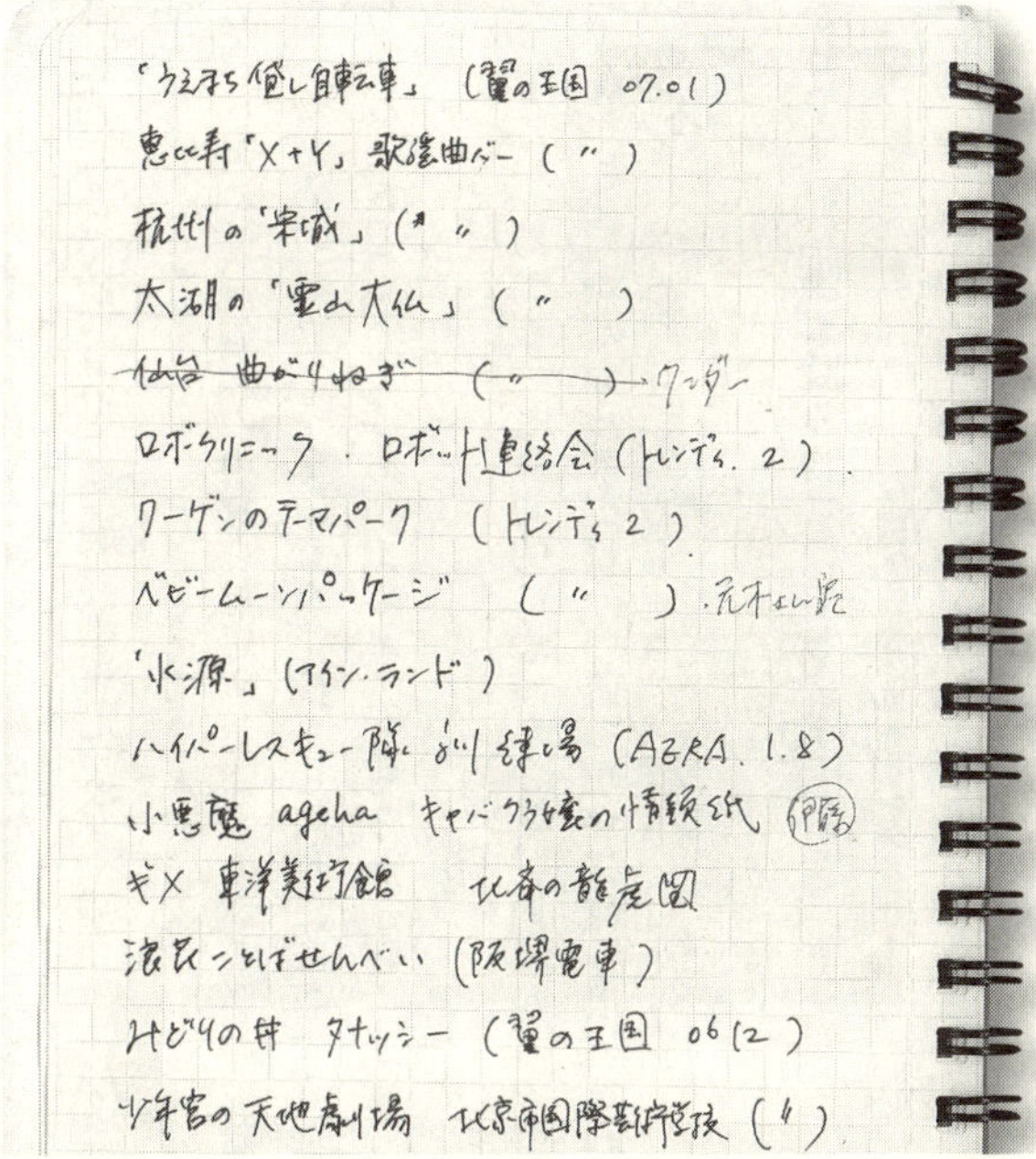

短いキーワードをバンバン書く。ペンの色を変えたり、大事な言葉をグルグル囲んだりして、自由に感情を乗せていくこともある。

ていきます。たとえば「外国人目線ある？」とか、ふとよぎった「ユニークな辞書・事典に当たる？」「なぜここにTELしてないの？」という疑問や不安のようなことです。

私の場合メモとは、会議の中身を記録することと、そこの段階で一緒に思い浮かべた調べるためのハウツーや留意点を後から同時に確認するためのものなのです。いわゆる「まとめ」ではありません。どちらかというと散らかっている状態です。

重要なことは「あっ！」と直観的に思ったこと、他人がしゃべったこと、自分が思いついたことにかかわらず、自分の頭のなかに繰り広げられている思考を全部書きとめていくということです。

■わかりやすい「議事読み物」にするノート術

一方、オフィシャルな議事録を作るときにはどうするかというと、まずは何も考えずに会議のなかで起こったことをただ機械的にバーッと頭からそのまま写し取っていきます。それから、その議事の実況をわかりやすいように構成し直してまとめるのです。そのため情報の出たタイミングが実際の会議の時系列とずれることもあります。私が作った議事録通りには会議は進んでいなかった。でも、だからわかりやすい議事録なのです。

会議中、話題が錯綜《さくそう》したり、前後したり、寄り道したりしても、議事録のなかでは話題ごとにまとまっている。会議がどういうふうに終結したか、決着したかということがわかる形に落とし込まれているのです。だから、「議事読み物」といったほうがいいかもしれません。

後から構成して仕上げる時間がないときは、この構成作業も同時進行でやって

99

【東大合格生のノート】

2008年、東大合格生のノートの書き方が美しい点に着目したフリーライターの太田あや氏の著書『東大合格生のノートはかならず美しい』（文藝春秋）が話題に。多くの東大合格生は効率的に学習するため、後で見返しやすいように〝美しく〟ノートをとるという。その手法を参考にしたノートもコクヨS&Tより発売された。

しまいます。そのときのコツは、話題ごとに見出しをつけて、それをノート上で十分間隔をとって書きとめることです。見出しと見出しの間にその話題にぶら下がる議事をメモします。話題が前後しても、錯綜しても話題ごとにまとめることができます。

あらかじめ一ページに適当な間隔で線が引かれているノートも市販されていま す。端には縦書きでインデックスが書けるようになっているおもしろいノートで す。これを利用すると間隔をあけて見出しを立てる癖ができるかもしれません。メモ、議事録は、後で読んだとき使えてナンボです。まずはそのことを忘れないように意識することで出来栄えは大きく変わると思います。

またメモをとるということは、情報を理解し分解するという訓練にもつながります。これもまた、漫然と書きとめるより、情報に接していることを意識して扱うことでまったく違う成果が出ると思います。

図11 会議録は「議事読み物」に

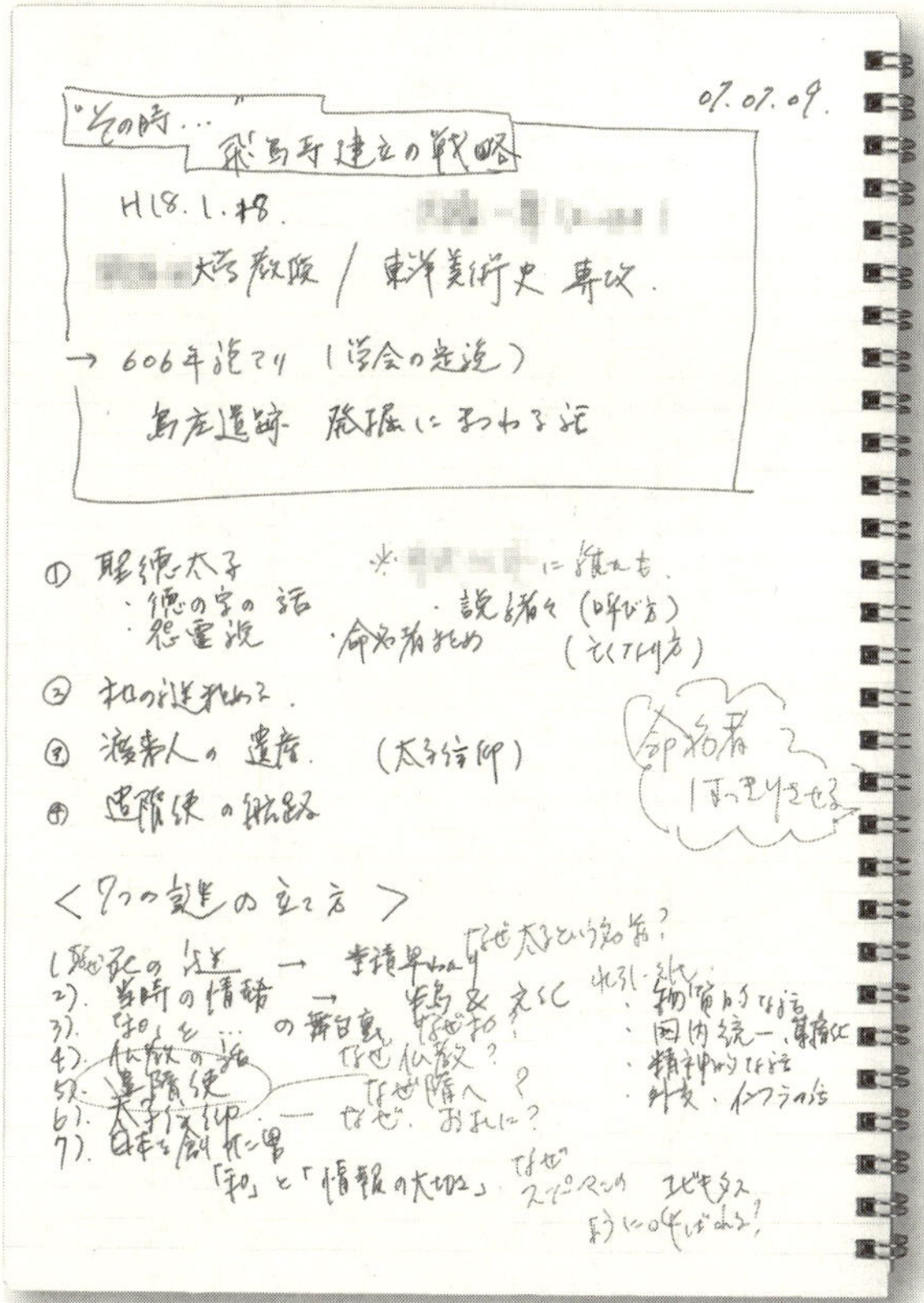

議事の進行通りではなく、話題ごとにまとめるのが特徴。見出しと見出しの間に、会議中に考えたリサーチポイントを**赤字**でメモ。

■ストックにも、取り出すにも便利な「情報カード」

最近では、さまざまな情報端末が登場し進化していますが、私はむしろ情報の基本に立ち返って、アナログなツールも愛用しています。

○情報整理カード

梅棹忠夫[100]さんの著書で有名になった「京大式カード」[101]などを筆頭とする情報整理カードはメモとしても使いやすいですし、情報をストックするにも取り出すにも便利です。やはり情報整理の原点という気がします。いまだに活用している人は私だけではなく多くいるようで、保存するための素敵なケースも売られています。

私は対面取材の際に手書きのメモとして使うことがありますし、話題ごとにカードを作ります。パソコンで行なう人も多いかと思いますが、私はなかなかキーボードを打ちながらしゃべり、聞くというのがうまくできず違和感があるので使いません。このカードがあると、取材後、思考の整理や戦略を立てるのにも便利です。カードは時系列で書きこんだものを後からバラバラにして組み立て直すのに適しています。

また「ＴＯＤＯリスト」として使う場合もあります。カード一枚にやるべきこ

100
【梅棹忠夫】
「知の巨人」とも呼ばれる、体系的情報論の先駆者。『モゴール族探検記』『知的生産の技術』などの著作で知られる民族学者、比較文明学者。１９２０年、京都府生まれ。大阪市立大学助教授、京都大学人文科学研究所教授などを歴任。国立民族学博物館の設立に尽力し、１９７４年初代館長。１９９１年、文化功労者、１９９４年、文化勲章。２０１０年没。

101
【京大式カード】
１９６９年、京都大学教授の梅棹忠夫が著書『知的生産の技術』（岩波新書）のなかでＢ６サイズの情報カードを「京大式カード」として活用する方法を紹介。同著はベストセラーとなり、Ｂ６判カードはその軽便さがけん伝された。これを契機に、カードをつねに携帯し、気づいたことがあればメモするという利用方法が広まった。

とひとつを記入し、優先順位を検討し、それらを並べかえてスケジュールを立てます。これを使うと、途中差し込みの仕事が入っても、その都度、臨機応変に組み直すことができて便利です。スタッフに仕事を指示出しする際にも使いやすいです。カード式は、考えるサイズに合っている有機的な方法だと思います。

○テレフォンノート

もうひとつアナログツールをご紹介します。

会社にかかってきた電話を記録するためのテレフォンノート[102]です。最近改めて使いはじめました。本来は不在者への連絡や部署内での申し送りのために使われるものですが、私は自分ひとりで使っています。

書き込むことは、○月○日の何時ごろに誰から電話があって、打ち合わせをして、××番組のことで、こんな約束をしたとか、これを返すということになったとか口頭でのやりとりや約束をこれに落としていくのです。

会話をこうやって時系列に落としていくと、約束したのに忘れていることと

図12 情報整理カードは、取材メモにもTODOリストにも！

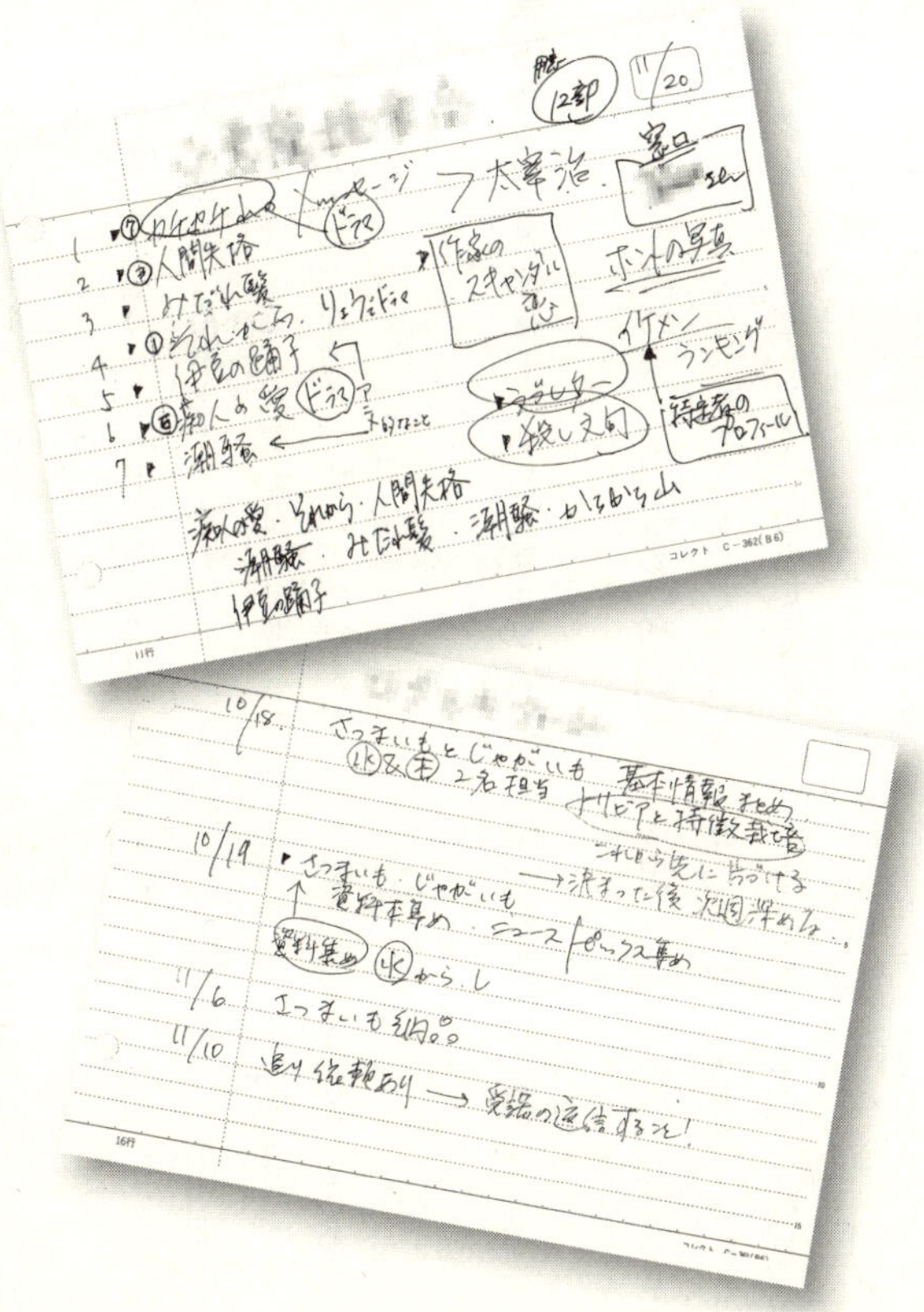

情報整理カードは、取材の手書きメモ、スタッフへの指示出しリスト、TODOリストとしても使える「情報整理」の原点。

か、次のスケジュールの詳細や土壇場の変更の連絡がここを見ればすべてわかるので、仕事の組み方の予定を立てたりするのにも役立ちます。チェック欄もあるので（本来は不在連絡を受け取ったチェックを記入する欄）、約束や注文を忘れずに済みます。まるでお魚屋さん、八百屋さんでの御用聞きのようなものなのです。ここに私が聞いた御用がずっと詰まっているのです。

きわめてアナログな方法ですが、電話が多い人、締め切りが細かにある人にはおすすめです。

■情報端末は外部脳——iPhone「Evernote」を使いこなす

少しリサーチと離れますが、集めた情報をどう活用していくかということもひとつのテーマとしていつも考えていることです。昨今、「マインドマップ」[103]「東大合格生のノート」など、書くことと思考のつながりを活かした手法が注目を集めています。

私の場合は、「Evernote」[104]を使って「ひらめきを育てる」ということを試しています。Evernoteは、スマートフォンやPCで使えるアプリケーションで、デジタルデータを保存、閲覧、更新できるオンラインサービスです。

特に目的なく思いついたこと、脈絡なく目に付いたことでも、気になる言葉、

102 【テレフォンノート】

ライフ株式会社製の電話連絡ノートB5 N102。

103 【マインドマップ】

マインドマップ（Mind Map）は、英国の教育者トニー・ブザン氏が開発したノート記述法、発想法。自然な形で脳の力を引き出す思考技術といわれる。絵と言葉により、放射状に思考プロセスをまとめていくことで、思考が整理され、記憶力が高まり、発想力が飛躍的に向上するなど、さまざまな能力を高めることができる。

104 【Evernote】

Evernote（エバーノート）はWeb上で出会う情報や、身の回りにある情報、パッと思いついたアイデアなどすべてを「ノート」という形式で保存するオンラインサービス。すべての情報はEvernoteのデータベースにバックアップが保存され、いつでも、どこからでも、パソコンや携帯電話・iPhoneなどから情報にアクセスできる。

タイトルが気になった書籍、観た映画の感想、会議の場で本題とは関係なく感じたこと……メモをするにしても、どのノートにしたらいいのか、分類するにしてもどこにしまえばいいのかわからないような断片などを無理に整理せずに、手元のiPhoneからEvernoteに放り込んでおきます。

分類され、整理されるときに処分される、忘れてしまう雑音のような断片に大きな可能性を感じます。脳内の引き出しのなかの情報と同様に、全然違う目的のために閃いたことが他のことに役立つこともあるはずなのです。

Evernoteは、これらの雑音を無秩序に放り込んでおくことができます。そして優れた検索機能を使って、何かヒントが欲しいなと思うときにキーワードで検索すると、串刺し状態でその断片を見ることができます。本来であれば何気なくスルーして忘れてしまうことをiPhoneが手元にあれば自在に引っ張り出すことができるのです。

すごくいい話、すごくいいネタといった、具体的なものではなくて、いい目のつけどころや気になるポイント、アイデアになりそうな種、一瞬の閃き、情報の断片などは、そこに何を足してあげるかで、まったく違う情報に化ける可能性がありますそれを秩序よく整理してしまうと、最初に入れた引き出しでしか出てこなくなってしまいます。

本来であれば、思考の停止とともに消えてしまうアイデアの芽が、Evernoteに保存しておくことで、継続の可能性が出てくるわけです。これは本当に画期的なことです。瞬間瞬間に流れていってしまうそれらのものを貯めておくことで利息が得られるようなものです。

■新人リサーチャーに伝える必読書三冊

リサーチャーを目指す人に必ず読んでほしいと勧める本が三冊あります。これらは、情報の世界では古典みたいなもので、パソコンも携帯電話もこんなに普及していない時代に書かれたものですが、内容はまったく古さを感じさせません。ビジネス書の世界でドラッカー[105]の著作が改めてブームになりましたが、やはり古典とされているものは、一読の価値があると思います。この機会に再読しましたが、私にとってこの三冊は「情報の師匠」だと改めて感じました。

リサーチャーのみならず、情報と関わらずには生きていけない現代人は読んでおいて損はないと思います。

『知的生産の技術』梅棹忠夫著（岩波新書）

先述した梅棹忠夫さんは残念ながらお亡くなりになりましたが、著書はこれからも多くの人を刺激しつづけることと思います。一九六九年に発行された『知的生産の技術』に、私も高校生のときに出会いました。情報のスクラップの方法や例の「京大式カード」の紹介があり、「網羅と分類」という概念もここで知ったのです。この方の先見性には、二十一世紀のいまになって驚かされます。

『「知」のソフトウェア』立花隆著[106]（講談社現代新書）

梅棹さんが学者という立場で情報概論を語ったのに対して、立花さんはジャーナリストとして、よりアウトプットを意識した方法論を展開しました。「閃きには蓄積された情報が背景にある」ということも、ここですでに述べられています。この本には大学時代に巡り合ったのですが、コンピューターというものや、情報蓄積のしくみを教えられました。

『知の編集術』松岡正剛[107]著（講談社現代新書）

「知」とありますが、すべて「情報」に置き換えて読むことが可能です。サブタイトルに「発想・思考を生み出す技法」とあるように、アイデア不足に悩む人は

105　【ドラッカー】

ピーター・F・ドラッカー（1909年－2005年）。オーストリア生まれの哲人であり、経営学の大家。「マネジメントの父」と称される。『もし高校野球の女子マネージャーがドラッカーの「マネジメント」を読んだら』（岩崎夏海著　ダイヤモンド社）の大ヒットで、著作全体が再注目を集めた。

106　【立花隆】

1940年長崎県生まれ。74年の「田中角栄研究――その金脈と人脈」（「文藝春秋」11月号）で、社会に大きな衝撃を与え、人文、社会、科学など、広く評論活動を展開。2007年に膀胱がん手術をしたが、自ら、世界のがん研究および治療の最前線を追いかけてルポしている。その取材ノウハウ・情報論などを公開した著作も多い。

必読だと思います。松岡さんの言う「編集」とは、情報を活用することすべてを指していて、情報と戯れること、調べものはやっぱり楽しいと思わせてくれる一冊です。松岡さんの著書はたくさん出ていますが、どれも私のバイブルです。

欲張りな時間管理術

テレビ業界はあわただしく、いつも時間に追われています。リサーチャーも例外ではありません。

ある週の私のスケジュールを見ていきましょう。

月曜日は、午前から夕方にかけて社内で今週の課題整理とリサーチ実務。その週に発生する締め切りや確保できるスタッフの顔ぶれの確認をして、リサーチの

107

【松岡正剛】

1944年京都生まれ。東京大学客員教授、帝塚山学院大学教授を経て、編集工学研究所所長、イシス編集学校校長。情報文化と情報技術をつなぐ研究開発に多数携わる。日本文化研究の第一人者でもある。『松岡正剛の千夜千冊』で展開される評論は、まさに知の豊穣。「千夜千冊」は、インターネットサイトも充実しているので、おすすめ。

戦略を考えます。

火曜日は、午前中に再度、課題整理を済ませてから、午後はリサーチ実務。一六時から一八時まではB局で会議。

水曜日は三局はしご。午前中にB局で会議、午後がA局、C局での会議。

木曜日は新規案件の打ち合わせで、クライアント訪問。最近ではテレビ以外の仕事も増えてきました。

金曜日は書店、国会図書館など、こもる系の調べもの。

ウィークデイは毎日、一九時から二二時くらいまで、その日スタッフが作成したレジュメのチェックをし、提出用のレジュメの清書をします。

土曜日は極力休むようにしていますが、会議が突然入ることもあります。

日曜日は隔週で一三時から一九時まで番組収録の立ち会いを十五年以上、続けています。

こんな感じで進んでいくのが、平均的な私の一週間です。

■複数の仕事を同時に進める時間術

　このように、多忙になりがちなテレビ業界です。しかし私は、プライベートでやりたいことも全部やらないと気が済みません。

　大好きな香港も、遠方のライブや舞台、映画もあきらめません。周囲からはそんな時間がどこにあるのとよく驚かれたりしますが、とにかく時間管理については、日々試行錯誤をしています。考えすぎてロスもいっぱいあるので上手く使えているかどうかわかりませんが、欲張りだということはいえるでしょう。

　年齢も重ね、体力的には危うくなり、健康管理に心を砕かざるをえませんが、趣味も余暇も含めて全力投球が続くところまでやってみようと思っています。

　プライベートと仕事との兼ね合いを上手にはかることは難題です。

　それではどうするか？　たとえば一番わかりやすい余暇の話でいうと、私は、どうしてもある一定期間ごとに大好きな香港に行かなくては、仕事が手につかなくなるのです。ワーッと行き詰まっているとどうしてもあそこの空気を吸いたくなる。しかし、時間の余裕はもともとありません。三連休なんて夢のまた夢です。それでもどうしても香港に行かなければならない私は調べました。

そして、見つけた究極の方法は「香港二四時間滞在」です。東京―香港の深夜便[108]を利用して、東京を深夜一時に発って香港に明け方に到着、その日めいっぱい遊んで翌日の夜中二五時（香港時間午前一時）の便に乗り朝六時に東京に帰る。十年前にはあまり実践者がなかったこの方法も、今は「週末弾丸ツアー」として多くの人がさまざまな国で実践しているようです。これでなんとか仕事に支障をきたさずにスケジュールの隙間をぬって香港の空気を吸うことができます。

どんなことでもあきらめなければ新しい方法はいくつも生まれるのです。

じつは私はタイムスケジュールを組むのが大好きなのです。タイムスケジュールどおりに物事を進行させるために、いろいろなことを工夫し、時間のモザイクを作るのがとても楽しく、絶対に無理みたいなスケジュールを組んで、それをやり終えたときの達成感にしびれるのです。

そのために、私は複数のノートを使って時間管理をしています。

ひとつは一般的なスケジュール帳で、ここには会議や会食、収録の立ち会いなど外部とのアポイントメントや社内での打ち合わせ予定を書き込んでいます。

もうひとつは、業務の進行管理の計画帳として使っている統計ノート[109]です。ノートの見開きを一五ミッションの一週間として、縦軸を七等分して日付を入れ、横軸を一五等分してミッションを書き込みます。ミッションごとに一週間の業務進行予定を記入していくのです。

それぞれのミッションに関して今日進めておくべきこととか、締め切りに向か

108　【深夜便】羽田から、ANAやLCC便などが飛んでいる。

109　【統計ノート】ライフ 統計ノート B5 N109。6・6ミリ×33行×7段、40枚。1949年に齋藤商店として文具紙製品の製造卸業を開業したライフ株式会社は1963年現在の名前に。

って何をすべきか、これらの計画をベースで作るのです。ひとつのお題に対して発生する仕事の基本構成は、戦略立案と指示出し、レジュメのチェック、そしてプレゼンという四つの要素があります。

ひと通り記入したところで、作業の重なり具合の観点から見直します。たとえば、水曜日に締め切りがいっぱい重なっているとなったら、その前後に散らせるかどうか調整します。こうして一週間の計画をひとつひとつ組み上げていきます。

しかし、これはいうなれば机上の空論。予定は未定で、先ほども書きましたとおり、スケジュールはどんどん変更されていきます。これを毎日見直して、進捗具合と変更箇所を把握し、モザイクを組み直す作業をしていきます。

とにかく必要なことは、ゴールにたどりつくまでにしなければならないことを明確にしておくことです。これは、どんな仕事でも同じだと思うのですが、モザイクの一ピースでも、それがないと絵は完成しない場合もあります。漠然と、その場にならないと自分のすべきことがわからない状態では仕事に振り回されることになってしまいます。仕事や時間を管理する自覚を持てば、どんなに忙しくてもその状況を楽しむ余地を見つけられると思うのです。

■余暇を作るコツは、締め切りにある

このとおり私は、締め切りを抱え、それと格闘する毎日を過ごしています。これほど抱えていると何か忘れているのではないか、うっかりしていることはないかと毎日ドキドキしていますが、一方で締め切りがあるからほっとできるのも事実です。締め切りが終わると身体が空くのですから。

そこでクライアントに設定された締め切りに従うのではなく、空き時間が作れるように、自分で前倒しの締め切りを設定するようにしています。もしあなたが締め切りのない仕事をしていたとしても、自分のなかで設定したほうがいいと思います。締め切りを作ると遊ぶ時間が生まれるからです。これは大切なことです。

締め切りを設定するのが苦手だという人も多いと思います。そういう人はいつまでもずっと残っていて、リサーチしたり報告書を作ったりしているのですが、

それで報告書がおもしろくなっているかというと、別に中身はおもしろくなっていなかったりすることは往々にしてあります。

仕事が発生したら、発生した瞬間に、締め切りを設定する。これを徹底する。自分で設定する締め切りは、見直しが入って修正するとしても間に合うように、クライアントの本当の締め切りよりも余裕をもった時間に設定しましょう。締め切りを守って仕事を済ませたら、遊ぶもよし、ゆっくりするもよし。

もうひとつ締め切りの効用としては、タスク管理[110]が容易になるということがあります。たくさんの仕事を抱えていればいるほど、締め切りは重要です。これがないと多くのタスクをこなすことができません。

それこそ先人が山ほど言ってきたことですけれど、「これにどれだけ時間がかかるか」ではなくて、「これにはこれだけしか時間をかけないと決める」ことが大事です。実際、タスクをたくさん抱えていたら、かけられる時間は限られているのですから。

そのとき重要になるのが、最初に仕事を受け取ったときに仕事の全容をつかんでいるかどうか。自分の能力を把握しているかどうか。この要素がないとどれくらい時間がかかるのか判断ができません。日頃から自分の仕事と時間の関係をシビアに意識しましょう。

そしてもし締め切りに間に合わなかったら、締め切りまでに予定していた成果があがらなかったら、これもまたシビアに検証しなくてはなりません。次の仕事に活かすためです。

110

【タスク】

課せられた仕事。職務、課業。コンピュータで処理される仕事の単位でもあり、その場合、ひとつのアプリケーションプログラムをさす。

ヒットメーカーは情報処理の天才

私自身はヒットメーカーでも何でもありません。もの作りのスイッチを押す役割なのだと思っています。しかし、情報バラエティでも、ドラマでも、関わった作品がヒットすることは確かに多いのです。これは、ひとえに仕事の依頼をしてくださる方がヒットメーカーだということです。お得意さんがヒットメーカー。これは私にとってはとても大事なことです。

私たちテレビ番組リサーチャーのクライアントとなるのは、おもに演出家（ディレクター）、構成作家、そして番組プロデューサーです。そういったクライアントの共通点を考えてみたのですが、やはりヒットメーカーは情報をとても大事に考えていて、疎《おろそ》かにしていません。だから、情報のプロとしてのリサーチャーの仕事を尊重してくれるのです。

この章の結びとして、私がこれまで一緒に仕事をするなかで出会ったヒットメーカーたちの情報術を紹介してみたいと思います。

■私の周りの天才たち

○演出家（ディレクター）は、情報を読まずに「見る」

演出家（ディレクター）は、実際にテレビで放送される映像を作る人です。そんな演出家という立場の人に共通しているのは、やはり視覚的情報に敏感だということでしょう。パッと見たとき、スッと脳に入ってくる、イメージができるようなものに強く反応するという言い方もできます。

レジュメのところでも触れたように（p168参照）、これは私の実感なのですが、演出家の多くは、リサーチャーから出された報告書を読んでいません。ざっと見るだけなのです。それは、報告書に載っている写真やイラストだけを見るというわけではなく、見出しやキャッチフレーズといった、「読む」と意識しなくても「見ただけで脳に入り込んでくる情報」を処理して、映像にしておもしろいかどうかというのを一瞬で判断していくからです。訴求力、破壊力みたいなものに「おや」と思う。感覚的には、ファッション誌をパラパラめくって見るのに近いのだと思います。興味を引かれる写真やキャッチがあったら、よく読んでみようかなというような感じに似ています。

そんなに読まないで情報が全部伝わったかな、と不安になることもありますが、出来上がった映像を見ると、報告書の紙の上では伝えきれなかったものが伝わってきます。文字情報を脳内で画像に変換でもしているかのような、私たちリサーチャーとは違う部分で情報を処理しているのだということがわかります。

○構成作家は固有名詞に強い

売れっ子の構成作家[111]は、とにかくたくさんの会議を渡り歩いています。それだけでなく台本も企画書も書きますし、雑誌などに連載を持っている人も多いです。つまり書けるということは、情報をたっぷりインプットしているということになります。

ヒットメーカーと呼ばれる構成作家に共通していることは、固有名詞と数字に強いことです。会った人の話や会議で配られた資料からアンテナに引っかかったあらゆるものの固有名詞を正確に覚えている。数字に関しても、お金の計算ができるという意味ではなくて、物事のスケール感を具体的につかめる感覚が優れているということです。

しかも、何を心にとめて、何をスルーするかという取捨選択も的確です。これは、毎日多くの情報に自覚的に接しているから鍛えられるスキルなのだと思います。

111

【売れっ子構成作家】

テレビ・ラジオ番組の陰の仕掛人。番組のコンセプトそのものを立案・企画したり、テンポのよい展開やタレントのおもしろいコメントなど、視聴者を飽きさせないように、プロデューサーやディレクターの要請に応じて進行プランを練り上げる、などの仕事をする。番組の設計者といっても過言ではない。ユニークなアイデアを次々と打ち出せる発想力・企画力が要求される。放送作家とも称す。

天才と呼ばれる構成作家は、自分のなかに蓄えた固有名詞、数字をいつでも自在に取り出して、組み合わせて新しいものを生み出すということを毎日普通にやっています。テレビの世界で鍛えられたこの手法は、媒体がなんであっても威力を発揮しているようです。

会議の席で思うのは、売れている作家さんは、情報の組み合わせがすごく上手だということです。インプットした単語から自分のオリジナルアイデアを創り出してしまうのですから。

○プロデューサーは貪欲なメモ魔

私が駆け出し時代に大変お世話になったカリスマ・プロデューサーは、とにかくたくさんの情報を集めて、そこから厳選したネタを使うという情報至上主義の方でした。

複数の制作会社や何人ものリサーチャーを抱えて大勢のスタッフで番組を制作していました。リサーチャーだけでなく、ＡＤもディレクターもプロデューサーも、皆がネタを提出せねばなりませんでした。

とにかくニュースソースをたくさん持ち、時間も粘れるだけ粘って、集められるだけ情報を集める。そして、たっぷりの材料をふるいにかけ、厳しい取捨選択を行なう。絶対に妥協しない。絶対にハードルを下げない。そんなプロデューサーのお眼鏡にかなった珠玉のネタが映像となり、放送され、番組は大ヒットになったのです。

その方の情報術とは、基本中の基本であるメモをとることでした。それはもうびっくりするぐらいのメモ魔なのです。

当時、私の目標は、その方にメモをしてもらえる発言をすることでした。会議の場で、プレゼンしたネタだけでなく、ちょっとしたトークに「ふうん」と反応してくださって、分厚いシステム手帳にキュキュッとメモられると、とってもうれしかったのです。

先日も一〇年ぶりくらいに、食事をご一緒する機会があったのですが、ディナーの席でも、なにかおもしろい話が出ると、つねに傍らに置いてある手帳にパパパッとメモをとっていらしたのです。私たちは、会議の場でメモをとる姿はいつも見ていましたが、食事をしながらもメモをとっているとは驚きでした。その様子から想像するに、おそらくタレントさんとの会食の場であろうが、プライベートであろうが、とにかくつねに「あっ」と思ったことは必ず全部メモをしてらっしゃるのでしょう。極言してしまえば、生きていること自体が情報を得るということだと思っていらっしゃるのではないでしょうか。

情報至上主義のための武器がメモなのです。

なおかつ、その集めた情報の取捨選択に関して妥協がないというのが、すごいところです。情報がたくさんあるということは、両刃の剣でもあります。情報に振り回されてしまう危険もはらんでいるからです。でもその方は、どんなに多くの情報を抱えていても、ムダなものをどんどん捨てていく判断ができる。そこがすごいのです。

リサーチャーとして駆け出しのころに、目の当たりにしたその仕事への姿勢が、そのまま私自身の姿勢になりました。

■ベストセラー作家に学ぶ発想力――アイデアがないと悩む前に

私は、いくつかの仕事を経て、現在のテレビ番組リサーチャーになりました。職種は違えども、すべて情報に関わる仕事でした。そこから学んだことがいま、リサーチャーの仕事をする上で基礎になっていることは間違いありません。

ある時期、私は、あるベストセラー作家の秘書として働いていました。その職場で学んだ思考方法が、情報から発想を生むという私の考えの原点になっています。その方はとても多作で、さまざまなジャンルを自由自在に書きこなす天才。テレビ番組リサーチャーになる直前の短い期間ではありましたが、秘書として彼の仕事ぶりをそばで垣間見る機会に恵まれた私は幸運でした。

その方の発想のもとになっているのは、森羅万象あらゆる事象を「情報」に置き換えて蓄積することでした。小説・映画・ドラマからニュースまでを片っ端から読む、観る。そして、それらに登場する人物や設定などさまざまな要素を分解・整理して把握する。つまり、ストーリーをバラバラの情報として把握するのです。

この細分化した情報を、新しい作品の構想を練る際、インスピレーションが欲しいときに脳内から引き出して参考にします。情報のパーツを新たな発想を生み出すきっかけにするのです。

誰もがここまでシステマティックではないにしろ、無意識に日常の生活のなかで見聞きしたことを脳に蓄え、それらをヒントに発想をしていると思います。アイデアはいきなり降ってくるわけではなく、蓄積された情報がアイデアや発想を生むのです。

結局、情報力を高めるハウツーを突き詰めると、情報を「編集する力」なのだと思います。具体的にいうと、とにかく蓄積すること、上手に引き出す（上手に分解・整理する）こと、そして組み合わせて活用するということに尽きます。これが情報活用の常套手段だといえるでしょう。

「発想の天才」と呼ばれる人になるには、やはり天分が必要だと思いますが、この手法を徹底すれば、天才でなくてもつねに平均点以上のアイデアを出すことができます。

自分には発想力が足りない、そういう特別な力が足りないと思っている人は、日頃から「これは」と思う情報を脳内に貯めておく、引き出しを多くしたり、その引き出しを開けてみて、覗いてみて、きちんと見るということです。いきなり脳内に貯めるのが難しければ、メモなど見える形にして、貯めるのも得策です（p218・Evernote参照）。

せっかくの情報が詰まった引き出しを開けないのは最悪です。引き出しのなかの情報はすでに古くなっているとか、使用済みだから見ないという人もいるかもしれません。しかし、人間の脳は、状況や問題が変わると、同じ引き出しの同じ情報でも違うかたちで認識します。そこから何かを得ようと考えて引き出しを開ける限り、同じものしか入っていなくても百回でも役に立つはずなのです。

先述の作家は、情報とは何かということがよくわかっていて、情報を活用するための方法論とそれを徹底的に実行するスキルを持っているという意味で天才なのです。真似にならず、あくまでもヒントとしてオリジナルの作品を生み出すのは、難しい作業なのかもしれません。しかし、私は避けるよりもむしろ積極的に活用していくほうが自然だと考えます。

もし自分のなかにクリエイティブな芽がないと悩んでいるなら、正面から情報を受け止めてみる。「どれだけ情報を仕入れていますか」「取り入れたものの引き出しを作っていますか」ということを自分に問いかけてみるのです。「情報を、ただ受け止めているだけではありませんか」と。

COLUMN

テレビリサーチの現場から 4

ドラマのリアリティを裏付けるのは、三種類のリサーチ

ドラマでのリサーチャーの役割は、プロデューサーや脚本家がイメージするドラマの世界観やキャラクター、ストーリー作りのための情報を提供することです。

とはいえ、どのドラマにもリサーチャーが関わっているわけではありません。むしろ、新しい試みだといえるでしょう。ですから、セオリーがあるわけではなく、模索している状態です。

プロデューサーや脚本家が作品にリアリティを求める場合には、「本当のところはどうなのか？」を探るリサーチをします。おもに舞台設定を作り上げるときに必要な要素を調べます。

たとえば現場に足を運ぶこともあります。ドラマの設定や、どのような立場の人が出てくるのがリアリティがあるといえるのか、ということを知るには、そこへ行くことが最もよくわかるからです。

ある時はサイズの合わないゴム靴を履きヘルメットをかぶって文字通りの現場、工事現場を制作スタッフとたずねました。地下に潜ったり、山奥の高架橋梁に上ったり、そういった場所を探すこと、許可してくれそうな人物や施設を探すこともリサーチのひとつと私はとらえています。ドラマや番組のリサーチのために現場を見せてくれる施設や会社を探すのは、じつはこれがまた大変な難関なのですが、やはり直接聞く生の声というのは貴重な情報です。

ドラマによっては、台詞などに無理がないかとか、専門家の人が見たら、「全然違うよ」ということにならないために監修者をお願いすることがあります。適切な監修者を見つけてくるのもリサーチの一環です。

また、脚本の参考になるエピソードを探すということもあります。といっても、提供した情報がそのまま脚本になるということはありません。やはりここでも情報は、脚本家の方やドラマ作りをしている人たちのインスピレーションやイマジネーションのスイッチを押すための材料なのです。

その材料をどこから探し出すか。メディアに載った事例、関係者のインタビューなど、そういったところを丹念に探します。必要があれば座談会を開いたり、個別の取材をして、生の声を拾います。

じつはこのエピソードを探し出すという仕事は、簡単ではありません。そもそもエピソードとは何か。一番わかりやすい例は、芸人さんたちが話すエピソードトークです。芸人さんたちが披露する○○な話を分析してみると、いつ、どこで、誰が、何を、どんなふうにという5W1Hの要素がもれなく含まれていて、話に起承転結がある。序破急でもいいのですが、話が展開して、最終的にオチがあることがエピソードの必須条件なのです。

集めたエピソードが脚本にそのまま書かれるわけではありませんが、実際に起こっている出来事が脚本家を通じて、深み、厚みとなって作品に活かされるのです。

エピローグ

情報は生きている

■検索システム構築で見つけたこと――「情報」は目的しだいで形を変える

最後の章では、私と情報の関わりについて書いてみたいと思います。

大学卒業後、出版社を経て、新聞社に部署採用で入社しました。２章でも少し触れましたが、勤務したのは有料新聞記事データベースを構築する部署でした。当時は新聞記事データベースの黎明期で、新聞社のなかではまだその理解が得られていたとはいえず、ある意味日蔭者の部署だったのです。記者が記事を書くために利用する新聞社の情報タンクとしては、調査部[112]による切り抜きが圧倒的な力を発揮していました。

新聞社が、記事をデータベース化するようになったきっかけは、それまで職人が活字をひとつひとつ組んで作っていた新聞をコンピュータで作るようになったことと関係があります。記者がそれぞれパソコンで作成した記事をホストコンピュータへ集め、それらを版に組んで印刷するようになったのです。その過程で生まれるコンピュータのなかにあるバラバラな記事をデータベース化し、二次利用をすることになったもの、これが有料新聞記事データベースの始まりです。

私の仕事は、記事をデータベースに収めたときに個別に引き出しても意味がわかるように、記事を再編集したり、情報蓄積のルールを作ったりすることでした。新聞記事データベースについては2章で詳しく書きましたが、紙の新聞で記事を読むのと、データベースで記事を検索して読むのとでは、状況が違います。記事に書かれている物事が起こっている最中ならば、いちいちタイトルに入れなくてもわかることでも、時間が経つと省略していたことを書かなくては、内容が通じなくなることもあります。最初からタイトル、見出しのない「天声人語」の

112

【(新聞社の) 調査部】

東京朝日新聞社の杉村《すぎむら》楚《そ》人冠《じんかん》が、１９１１年に日本の新聞社としては初めて創設。当時の名称は索引部だった。見学したロンドンタイムズ社の部署を参考に、新聞の切り抜きなどを整理して索引をつけ、どのような問い合わせにも答えられる仕組みを構築。同様の部署が多くの新聞社に置かれているが、名称は調査部・資料部・調査資料部・情報調査部など社によってさまざま。

ようなコラムに、後から引きやすいようにタイトルをつけることもしていました。

このときに、情報というものはとても多面的だということを知りました。新聞が発行されたときの役割と、後から検索で引き出されたときの役割がある。情報というのは、時と場合によって果たす役割が全然違うのです。つまり、利用する目的しだいで形を変えていくものだということです。真実はひとつですが、そのひとつの真実に対して、発信する側の意図によっても、さまざまな情報が生まれますし、さらにその先で受信する側がそれをどう意味付けするのかでもまた変化していきます。

毎日大量の情報に触れ、それらをデータベースという堅牢な枠組みに落とし込むという仕事を通じて、情報の性質、検索の技術について学ぶことができました。作り手を経験したことで、使う側の気持ちだけでなく作る側の意図もわかるようになった点では、情報活用者として多少アドバンテージがあるかもしれません。

■相手の欲しい情報を、欲しい形で提供するのがプロ

そこから前述の作家秘書を経て、テレビ番組リサーチャーという仕事に出会うのですが、この仕事こそ自分がなりたい職業だとピンときました。その確信のまま、今日までリサーチャーという仕事をしています。

リサーチャーとしての私の原点は、先述したカリスマ・プロデューサーの情報バラエティ番組です。リサーチャーになってすぐに、この番組につかせてもらったおかげで今日の私がある、この仕事がいまも続けられていると思うのです。何か迷ったとき、躓いたとき最終的に必ずいつもそこに原点回帰するという番組なのです。

純粋に「情報を提供すること」が仕事になって、それまでの仕事でも心がけてきたことですが、自分が欲しい情報でも提供したい情報でもなく、相手の求める情報を提供するのがプロだということをますます強く意識するようになりました。

テレビで求められる情報の特徴は、とにかくおもしろいかどうかということです。活字の世界でもそれは同じなのですが、テレビの世界ではそこにもう一要素が加わります。それは映像になるかということです。

私の原点となった番組の企画会議の席上でも、「そのネタでは画（p161参照）にならない」とよく言われました。いくら文章や写真がおもしろくても、まず映像にならなくては話になりませんし、映像にしたときにおもしろくならないとダメなのです。

たとえば、世界一くさい缶詰[113]の話も、それは読む人が脳内でイメージするから、本として、情報としておもしろいのですが、それをテレビでやるときには、テレビの画面のなかからはにおいはお届けできません。だからダメというわけではないのですが、どうやってテレビでものすごくくさい缶詰のことを表現するかという手段[114]が見つからないと採用されないのです。

この番組では、とにかくそのことを強く意識させられました。私はそれまで、新聞や書籍など活字の仕事をしてきたので、そこの違いに慣れるまで非常に時間がかかりました。いままで使ったことのない、自分の感度のアンテナを立てる必要があったのです。まるで二次元の世界から三次元の世界に飛び出したようなものなのです。

「画になる」とはどういうことかを理解して、画になるネタできちんと採用されるまでに半年くらいかかりました。

打開策に近道はありません。百本ノックさながらに、出してはボツ、出しては

113

【世界一くさい缶詰】

スウェーデンで作られる、ニシンの塩漬けを缶に入れて発酵させた食品「シュールストレミング」(Surströmming)。くさやの6倍もの強烈なにおいを発し、世界一くさい食べ物として知られる。室内で開缶すると数日間はにおいが残るため、必ず屋外の人気がない場所でビニール袋をかぶせて開缶するよう求められている。

114

【手段】

リアクション芸人と呼ばれる、自身の身に起こった事象に対する反応のデフォルメ（アクション化）が上手なタレントさんに、「くささ」を表現してもらうのも、代表的な手段のひとつ。

ボツ、を繰り返しました。何しろ会議全体で一〇〇ネタほど出るなかで、採用は三ネタほどなのです。そのときの悩みや試行錯誤で得たものが、私のリサーチャー人生の根幹を成しています。

映像で構成されたテレビ番組を作るための情報を提供すること。自分が提供する情報が、次の工程でどう使われるのかということを考えることは非常に重要です。

私の場合はそれがたまたまテレビでしたが、それはどんな仕事でも共通のことです。自分が、相手の欲しいものを欲しい形で提供しているか、役割を果たしているかということを、時にまっさらな気持ちで検証してみることが必要です。

■価格．ｃｏｍのいい話が教えること――情報はコミュニケーション

価格．ｃｏｍ[115]というサイトをご存知でしょうか。世の中にあふれるさまざまな商品についての価格やクチコミなどを集めた、買い物をサポートしてくれるサイトです。このサイトのクチコミ掲示板へ、二〇〇九年一二月ひとつの質問が投稿

されました。少し古いですが、ご紹介します。

「妹の写真を撮ってあげたいのでデジタルカメラを買おうと思ってます。お年玉を貯めたので買うので三万円ぐらいのしか買えません、どれを買えばいいのか教えて下さい」（原文ママ）

これを見た掲示板の住人たちがさっそく書き込みをします。どんな状況で撮影するのかを優しく質問している投稿もあるのですが、なかには「こんなことをい

115

【価格．ｃｏｍ】

あらゆる商品の価格を比較したり希望商品が購入できるサイト。商品を探す際には該当するカテゴリを選択し、キーワード検索や予算・メーカーなどの条件から製品を絞り込み比較できる。さらに、クチコミ掲示板では製品についての噂や特価情報など、さまざまな情報がユーザー同士で活発に交換されている。製品を比較検討する際にはその掲示板を参考にでき、ＩＤがあれば誰でも掲示板を利用し質問・回答することができる。

きなり聞いて、『これを買えば間違いありません』なんて都合のいい答えが返ってくると、本気で思ってるわけじゃありませんよね?」(原文ママ)というような厳しいものもありました。

これに対して質問主は、妹は赤ちゃんであること、自分には小さいころの写真がないので妹には自分が撮ってあげたいと思っていること、などを書き込みます。質問主は小学生と思われる女の子でした。状況がわかってきた掲示板の住人たちは、打って変わって思い思いのアドバイスをします。デザインや色がかわいいものがいいのではないかと勧める人、カメラだけではなくてケースや保護フィルムも買わなくてはならないことまで教えてあげる人もいます。親切でていねいな書き込みが連なったのです。

そこへ質問主のお母さんが登場し、娘のぶしつけな書き込みを詫び、娘がそれほどまでカメラが欲しいとは知らなかった、掲示板の情報を参考に買ってやりますと書き込みます。小さいころの写真が一枚もないという質問主と両親の関係をひそかに心配していた住人たちは安心すると同時に、今度はお母さん向けに情報を提供します。大人向けのレベルアップした情報が集まりました。その後、質問主の女の子から無事カメラを買いました、という報告が書き込まれ、この掲示板での一連のやり取りは、最終的にとてもいい話としてツイッターやブログで話題になりました。

この掲示板を読んだとき、私は、いい話として感動したのもさることながら、尋ねるときに載せる情報しだいでこんなにも対応が変わり、集まる情報も違ってくるのだなと驚きました。当初アドバイスしてあげたくても、質問の仕方が悪いからアドバイスのしようがないと言っていた人たちが、妹の写真を撮ってあげたいという女の子の背景を知ると、今度は状況をいろいろと想像して親切なアドバイスを送ってくれる。

元来、人は教えたがりなのです。役に立つことを教えて喜ばれたい、難しいことを教えて尊敬されたい。いいことも悪いことも、そしておもしろいことを皆と共有したいという思いが誰の心にもあるのです。

だから、知りたいことがあれば、知っている人に聞いてみるというのもひとつの手段です。ここまで、自らの手を伸ばして情報を集めるということを中心に紹介してきましたが、「集まってくる情報」というのも情報には違いありません。

いまのようにインターネット社会になる以前は、お互いに顔の見える範囲で行われてきたことが、いまは教え、教えられる範囲がとんでもなく広がって、集まる情報の量も多くなっています。多く集まったからといってそれがすべて使える、質のいい情報かというとそうでもないことがあります。質問の仕方を間違えると求める情報は得られません。そして集まった情報を目利きする力も必要なのです。

こうしてご紹介しながらも、匿名で展開されるこの話のなかの小学生の女の子が実在しない可能性について思いを馳せてしまうのは、職業病かもしれません。

この価格.comの話でわかるとおり、情報には、ほかの情報を引き寄せるという性質があります。つまり、情報はコミュニケーションツールでもあるのです。コミュニケーション力は情報力だともいえるのではないでしょうか。

■脳と情報の関係を知るとよくわかる――情報は生きもの

東京大学で開発された技術で「メタクッキー」[116]というものがあります。これは、科学番組のための調べものをしていて見つけた情報で、特殊な装置を装着して目の前のクッキーを食べるという実験なのですが、そのクッキーに別のクッキーの映像と匂いの情報を重ね合わせることで、味の認識を変化させるというもの

116 【メタクッキー】
視覚と嗅覚の情報を変えることで、食べたクッキーの風味をまるで違う物を食べたような感覚に変化させるシステム。東京大学の廣瀬《ひろせ》通孝《みちたか》教授が開発。ヘッドギア付属のカメラで特殊なマークの付いたクッキーを映し、その上に違うクッキーの映像を重ねることで視覚を変化させる。さらにクッキーのマークから位置情報を検出してカメラとの距離を計算し、付属のエアポンプから香りが出る仕組み。脳が錯覚を起こし、たとえばプレーンのクッキーを食べた際、チョコクッキーを食べたかのような味になる。

です。プレーン味のクッキーをチョコレート味に感じたり、ストロベリー味に感じたりするのだそうです。

この実験から、私たちの脳は、味覚だけの情報で味を感じているわけではなく、視覚や嗅覚から入ってくる情報とあわせて味を判断していることがわかります。同様に情報というものも、これまで述べてきたように、いくつかの情報の「つながり」のなかで初めて意味を持ち、理解するものだと思うのです。つまり、単純に「情報＝知識」ととらえてしまうと、情報をその先で活用することができなくなる。私が考える情報というのは、有機的なもの、生きているもの、受け取る側の状況によって変わるものです。

■いま求められるのは、知識を「生きている情報」に換えるスキル

先述の価格・ｃｏｍの話でも、「お年玉でカメラを買いたい女の子」「小さなころの写真のない自分」「妹の写真」「部屋のなかで赤ちゃんを写す」……そういう情報のつながりのなかで、さまざまなカメラ機種の紹介や買い方のアドバイス、

撮影の仕方など多くの情報が集まりました。それらは質問を投げかけた女の子にとってとても価値ある情報です。この情報をもとに購入したカメラできっとたくさんの妹の写真を撮ってあげていることでしょう。これが活用された情報の姿です。間違いなく、この女の子のクリエイティブのスイッチを情報が押したといえるでしょう。

でもカメラに興味のない私がこの掲示板の情報を見ると、別のことを考えます。私は、情報は質問の仕方や条件によってこんなふうに質が変わってくるのだなと思うだけで、カメラを購入しようとは思いません。しかしこの情報によって、いまこのような文章を書いています。これもまたクリエイティブのスイッチが押された例です。

このように、対し方によって変化していくのが情報の本質です。情報は単なる知識ではない。ですから、リサーチとは「生きた情報」を捕まえるというより、「情報を活かす」ことであるといえます。私が情報が好きで、おもしろいと思っている理由はそこにあります。

逆に知識ばかりをつめこんでも、そのおもしろさはわかりません。昔から勉強ばかりしていても何もならないとか、本ばかり読んでいても意味はないなどといいますけれど、蓄積した知識を生きている情報に換えていくことが、いま求められているスキルなのだと思うのです。情報を増やすことは生きる手段が増えることなのです。

■なぜ、あなたの「情報」は思い通りに伝わらないのか？

情報のそうした正体を理解することで、もっと積極的に情報を活用できるようになるはずです。

たとえば、「意図どおりに伝わる」という言い方をします。自分の考えていることを相手がそのまま受け取り理解してくれる状況をいいます。情報の受け渡しの場面において、理想のかたちのひとつだと思います。

もし相手が意図どおり受け取ってくれなかったら、それはあなたが、「情報とはコミュニケーションだ」という側面を忘れているためではないでしょうか。情報を探すのが下手だという人もまたそのことを忘れているのだと思います。渡すときだけではなく、情報を受け取ることもまたコミュニケーションだからです。ただただ流れてくる情報を漫然と受け止めて、情報が多くて何が何だかわからない、自分がどうしていいのかわからないと嘆く人がいます。情報の海に溺れている人です。

その状態から脱し、目の前を流れていく情報に振り回されないようにするには、情報をもっと自覚的に受け取らなければならないのだと思います。その情報が自分にどのような影響を及ぼすのか、どんな感情を引き出すのか、そういうことを意識するのです。

受け取ったひとつの情報を別の角度から見てみることがヒントになるでしょう。まったく違う側面が見えてきます。いろいろな見方を一覧したところで、自分はその情報にどんな感情を持つのかが見えてくるはずです。そうすると、前述したようにその情報には感情が乗り、タグがつき、脳内の引き出しに収まります（p196参照）。あふれていたと思っていた情報はかなり整理され、コントロール可能になるはずです。

仕事の場面なら、受け取った情報を自分のなかで勝つ情報に育てていく。勝つ情報として、相手に渡す。そうなると、溺れていた情報の海は、豊かな宝の海になります。

■有事の情報

情報は、人生や生死をも左右する――。

二〇一一年三月一一日に発生した東日本大震災を東京で体験し、改めてそう感じました。人間は、情報を得て、それをもとに対処をするのです。そして、その対処が生死を分けたり、人生を変えたりします。情報は水や食料などのライフラインと同様に、人間の生活に必要不可欠なものなのです。

この時の災害では、地震のみならず、その後に発生した大津波が大きな被害をもたらし、多くの人が犠牲となりました。さらには、福島第一原発の放射能漏れ事故も引き起こし、私たちは未曾有の事態に直面したのです。

大きな災害は、情報の混乱も引き起こしました。被災地では、電気や電波が寸断されたため、情報がほとんど入らない状態になってしまった一方、被災地の外ではさまざまな媒体を通じて、さまざまなレベルの情報が大量にあふれました。なかには、デマや憶測の正しくない情報も多く含まれていました。

そんななかで情報とどのように付き合っていけばいいのか。悩みは尽きません。しかし、私たちには調べるということができます。

それには、とにかくその情報源を特定することです。たとえば、災害時には、ツイッターが力を発揮し、連絡がとれない相手との安否確認などに役立つとされていますが、「リツイート」機能によって、たくさんの誤った情報の伝播をしてしまう面もあるようです。原典主義のところでも述べたとおり、ツイートに限らず、誰が発信したのかまで遡って、その出所と意図を確かめることで、その情報の信憑性を判断することができます。またどこでどう歪曲されたのか、誤解されたのかも遡る過程で知ることができます。逆に出所がわからない情報というのは、注意して扱わなければならないということになります。

また正しい情報だけが有意義な情報かというと、それも完全にイコールではありません。誤った情報も比較や判断の材料として有意義な場合もあります。また自分にとって正しくはない、でも他の立場の人にとっては正しい情報というケースもあります。

私は、あの震災の折り、初めての経験をしました。「喜多さんなら、最新の情報持ってるでしょ、教えてよ。何がいったい正しいの？」と問われたときに、情報を提供するのを躊躇したのです。いったいどの情報が目の前の人にとって最適なのか……断じるのが怖かったのです。自分のなかの情報コーディネート機能がストップしたかのようでした。

大量の情報、難しい専門用語、数値の羅列、さまざまな専門家のさまざまな見解……あの震災後、このような大量の情報を目の前に、前述の私のように、「わからない！」と混乱する人も多いかと思います。しかし、わからないから誰かの意見に便乗してしまうと、気がついたら自分では望まないことになっているかもしれません。かといって、目を閉じ、耳をふさいで情報をシャットアウトしてしまったらそこで終わってしまいます。

わからないことがあったら調べればいいのです。誰かの意見に便乗するとしても、その人以外の意見、できれば反論も検討して、その上でその人の意見に合意するというようにしたいものです。有事のときに限らず、日頃から幅広い意見を摂取しておくことが情報対処力を鍛えることになります。

時に情報に負けそうになるけれども、それでも逃げずに情報と向き合う。

そうやって情報と付き合っていくことが、自分たちの生活を守ることになるのです。

おわりに（単行本　初版時）

『プロフェッショナルの情報術』、いかがでしたか？

側注も楽しんでいただけましたか？

実はこの本をつくるにあたって私が一番こだわったのは、側注でした。本文のブラウザは二つ開くのところ（p120参照）でも触れたとおり、何かを調べたり読んだりするときは、わからないことをそのままにして進めるのは禁物です。その場で調べると、記憶はより鮮明になり、雑学情報のお土産（p187参照）も付いてきます。

読者のみなさんに、その楽しみを知っていただこうと、予め私が調べたり、解説をつけたりした側注を本文対照用に設けました。もし、側注を飛ばして、本文だけを読んだ方がいらっしゃいましたら、ぜひ、側注も（できたら同時進行で）読んでみてください。「調べる楽しみ・知る楽しみ」を、実感していただけると思います。

リサーチャーは、テレビ業界のなかでも、まだまだマイナーな職種ですから、こうして大好きな「調べもの」と「情報」についての本を出せるようになったことが、いまでも夢のようで現実味がありません。でも皆さん、これからテレビをご覧になるときに、最後にスタッフの名前が流れるエンドロールに気をつけてみてください。たくさんの番組で、大勢のリサーチャーが活躍しています。

もし、この本を読んでリサーチャーという仕事に興味を持って、志してくださる方がいらしたら、こんなにうれしいことはありません。

この本は、たくさんの方との出会いや協力なしには、出版することができませんでした。きっかけは、放送作家の鈴木おさむさんが私のことを書いてくださった雑誌「AERA」の連載コラム「ザ・私聴率」です。それを読んだ祥伝社の編集者栗原和子さんが、出版の企画を持ちかけてくださったのです。鈴木さんは、推薦の言葉も寄せてくださいました。過分なお言葉を頂戴し、恐縮するとともに、心から感謝申し上げます。

本づくりの過程では、さまざまなアドバイスをいただいた、出版プロデューサーの柳舘由香さん、(株)ジーワン小島美佳代表、これまでお世話になったすべての番組制作スタッフの皆さん、リサーチャー仲間の皆さん、仕事面でいつも強力なサポートをしてくれる調査部スタッフ、本当にありがとうございました。

また、私事ですが、幼いときから「いかなる場面でも辞書を引く」という調べ物第一歩の習慣を徹底的に授け、期せずこのリサーチャーという仕事に導いてくれた、母・たづ子にも、この場を借りて、感謝を捧げます。

二〇一一年七月

喜多　あおい

文庫版『必要な情報を手に入れるプロのコツ』あとがき

単行本『プロフェッショナルの情報術』の刊行から七年を経て文庫版を上梓することが出来ました。今の率直な気持ちは「ホッと安堵《あんど》」です。というのも、時間の経過とともに単行本の入手が難しくなり、講演や講座実施の際に「読んでみたいが手に入らない」との、お声を頂戴《ちょうだい》することが多く、申し訳ない気持ちをずっと抱いておりました。文庫化の提案をして下さった、祥伝社書籍出版部黄金文庫編集部に、感謝申し上げます。

ご提案のきっかけは「お願いランキング！」というテレビ朝日の番組に私が出演しているのを、ご覧になったことだそうです。「ガチ飯マーケティング」というコーナーに、「リサーチ界の猛女」という肩書で出演し、「ヒトのホンネを聞き出す調査ドキュメント」を披露しておりました。こういった「調査対象者の意識下に潜む深層心理を引き出すような調査」を、「デプス調査」と称します。「デプス調査」は、この七年の間に、私の仕事の中でクライアント、特に一般企業クライアントからの需要が一気に高まった分野です。新しい「調査」分野の開拓が、過去の書籍にまたスポットを当てるきっかけを作ってくれたのは、大変、感慨深い出来事でした。

文庫化にあたっては「情報」が主役の本ですから、単なる訂正・加筆にとどまらない、内容の「アップデート」が最重要事案でした（エピソードなどは、できる限り当時のママ留めることとしましたが）。二〇一八年、お届けするのにふさわしい、皆さんのお役に立つ本を！といった気持ちを込めて、タイトルも一新しました。

『必要な情報を手に入れるプロのコツ』。七年の歳月を経て「調べもの」が日々の生活の中で、より身近になった今、直感的に手に取っていただけたらと願ったタイトルです。

と、このように意気込んで、「ばりばり、アップデートするぞ！」と、原稿と向き合ったところ、実感することがありました。

「調べものの基本」は、七年の時を経ても、何ら変わることが無かったのです。具体的な実行ノウハウは、時代に沿って様々に変化しますが、「情報との接し方」「インプットやアウトプットの構造」そういった基本概念は、一度身につけると、ずっと応用しながら適用が可能です。私自身、日々、この基本に立脚して新しいスキルを創出していたことを再確認しました。つまるところ「コツ」とは、「応用できる基本」のことだったのです。まずは本書で「調べもの」にあたっての「基本の考え方」を身につけ、自分に合った手法に、どんどん応用・発展させ、長くご活用いただければ、著者としてこんなに嬉しいことはございません。

これとは対照的に刷新が必要だったのは「情報の入手場所」です。七年の間に大好きだった書店や専門図書館が数多く消えることとなりました。これからの時代に合った「情報の形」を探りながらも「書籍や雑誌」といった「紙媒体」を守っていきたい、と強く思います。二〇一六年、東京・神保町《じんぼうちょう》に「辞書と事典の資料室」という分室を作りました。辞書・事典・図鑑だけを集めた資料室で、現在、三〇〇〇冊以上の蔵書です。いずれも、これまでの仕事で利用してきた書籍で、まだまだ増やしていく計画です。これらの蔵書と資料室を、いつの日か、皆さんにご利用いただける場所として開放し、「紙媒体の文化」を次世代に「つなぐ」ことが、現在進行中の私の夢です。

最後になりましたが、この夢を支えて下さっている、多くの皆さんにも、この場を借りて、心からの感謝とお礼を申し上げます。

二〇一八年七月

喜多　あおい

●側注参考文献リスト

『日本大百科全書』（小学館）
『ニッポニカ・プラス』（小学館）
『日本国語大辞典』（小学館）
『デジタル大辞泉』（小学館）
『ランダムハウス英和大辞典』（小学館）
『e-プログレッシブ英和中辞典』（小学館）
『日本人名大辞典』（講談社）
『情報・知識 imidas』（集英社）
『現代用語の基礎知識』（自由国民社）
『立法と調査』（№３０８　参議院調査室）
『新・食品事典』（真珠書院）

ほか

http://trendy.nikkeibp.co.jp/article/pickup/20101111/1033598/

http://www.gov-book.or.jp/asp/Kanpo/Kanpo/

http://law.e-gov.go.jp/cgi-bin/strsearch.cgi

http://www.chunichi.co.jp/nie/make/1_2.html

http://www.koho21.co.jp/knowledge/knowledge02.html

http://saiyou.yomiuri.co.jp/works/job/hensyu/job04.html

http://ec.kobe-np.co.jp/recruit/job/j_seiri.htm

http://www.kanagawa-shimbun.jp/information/section/henshu.html

http://saiyo.nikkansports.com/work/section/seiri.html

http://adv.asahi.com/modules/trivia/index.php/content0005.html

http://www.chugoku-np.co.jp/c-hanb/nie/qa.html

http://www.edokiriko.or.jp/edo/edobo.htm

http://www.fujitv.co.jp/saiyo/oshigoto/gijutsu.html

http://www.kyoto-np.co.jp/info/sightseeing/monzenmeibutsu/091225c.html

http://www.shimogamo-jinja.or.jp/saijiki.html

http://www.mado-michio.com/html/history
http://www.sbfoods.co.jp/herbs/back/0407/square/
http://www.minpaku.ac.jp/staff/umesao/
http://www.13hw.com./job/02_06_12-a.html
ほか

本書は、２０１１年8月弊社より単行本『プロフェッショナルの情報術』
として発行されたものを改題し、加筆・修正のうえ文庫化したものです。

祥伝社黄金文庫

必要《ひつよう》な情報《じょうほう》を手《て》に入《い》れるプロのコツ

平成30年8月20日　初版第1刷発行

著　者　喜多あおい

発行者　辻　浩明

発行所　祥伝社《しょうでんしゃ》

〒101－8701
東京都千代田区神田神保町3－3
電話　03（3265）2084（編集部）
電話　03（3265）2081（販売部）
電話　03（3265）3622（業務部）
http://www.shodensha.co.jp/

印刷所　萩原印刷

製本所　積信堂

Printed in Japan　© 2018, Aoi Kita　ISBN978-4-396-31741-6 C0130

祥伝社黄金文庫

美月あきこ
ファーストクラスに乗る人のシンプルな習慣
3%のビジネスエリートが実践していること
CAだけが知る、成功者の共通点は、今すぐ実践できることばかり! 「人生逆転」「商売繁盛」のヒントが満載!

美月あきこ
ファーストクラスに乗る人のシンプルな習慣2
3%の成功者が実践する「聞き方」『伝え方』
成功者は会話だけで魅了する〝人たらし〟だった――なぜ人を動かせるのか? そのコミュニケーション術を学ぶ。

和田秀樹
会社にいながら年収3000万を実現する
「10万円起業」で金持ちになる方法
実は、会社に居続けるほうが「成功の芽」を見つけやすい。小資本ビジネスで稼ぐノウハウが満載。

和田秀樹
負けない大人のケンカ術
負けぬが勝ち! 「九勝一敗より一勝九分のほうがよい」――「倍返し」できなくても勝ち残る方法があった!

酒巻 久
キヤノンの仕事術
「執念」が人と仕事を動かす
仕事に取り組む上で、もっとも大切なこととは何か――本書で〝キヤノンの成長の秘密〟が明かされる!

荒井裕樹
プロの論理力!
トップ弁護士に学ぶ、相手を納得させる技術!
年収4億を捨て、32歳でMBA取得のため米国へ! キャリアUPして帰国した著者の「論理的交渉力」の秘密。